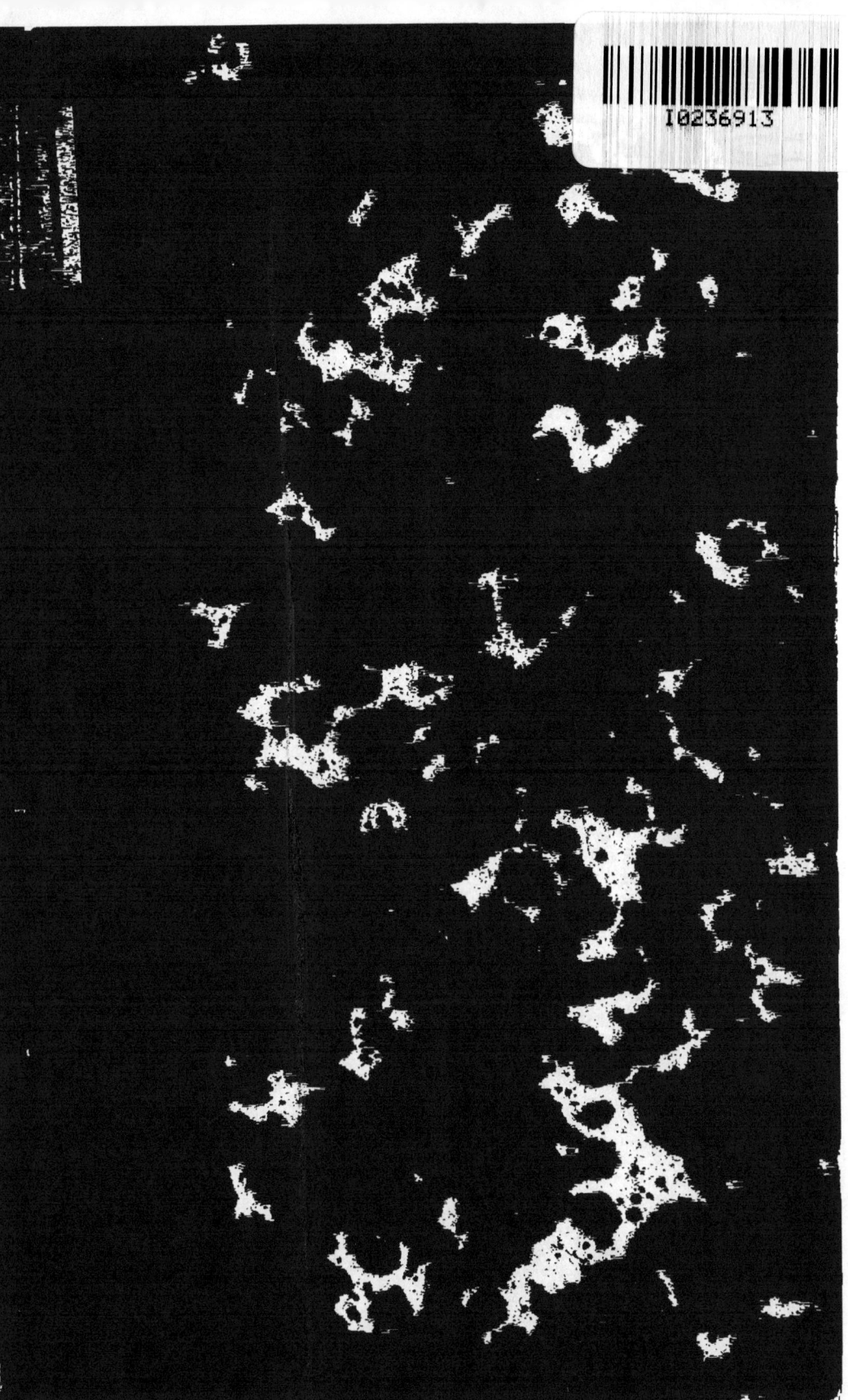

42913

BIBLIOTHÈQUE

D'UNE

MAISON DE CAMPAGNE.

TOME XCVIII.

DIXIÈME LIVRAISON.

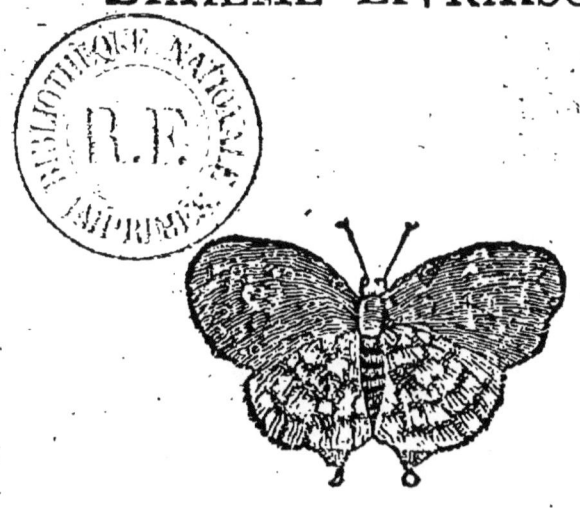

HISTOIRE DE L'HOMME

AU MASQUE DE FER.

HISTOIRE

DE L'HOMME

AU MASQUE DE FER,

OU LES

ILLUSTRES JUMEAUX.

IMPRIMERIE DE LEBÈGUE.

Le Masque de Fer

HISTOIRE

DE L'HOMME

AU MASQUE DE FER,

OU LES

ILLUSTRES JUMEAUX,

RÉDIGÉE ET MISE EN ORDRE

PAR MADAME GUÉNARD.

TOME PREMIER.

A PARIS,

CHEZ LEBÈGUE, IMPRIMEUR-LIBRAIRE,

RUE DES RATS, N° 14, PRÈS LA PLACE MAUBERT.

1822.

AVANT-PROPOS.

Il y a peu de phénomènes historiques, sur lesquels on se soit autant exercé, que sur l'existence de l'Homme au masque de fer. Les plus beaux génies se sont épuisés en conjectures, d'autres plus hardis ont dit savoir de science certaine ce qu'ils ont donné au public sur ce personnage, assurant qu'ils le tenaient des hommes les plus instruits et dignes de toute confiance. Ils ont accumulé les particularités invraisemblables, pour en construire l'histoire de cet être infortuné, dont jusqu'à présent il n'y a eu que le malheur de certain. Je viens aussi donner une relation de ses infortunes ; je ne dirai pas comme les autres : rien n'est aussi vrai, la source dont je tiens le manuscrit est parfaite, et si je la nommais, tout le monde en serait convaincu. Moi, au contraire, je me borne à dire : lisez ces pages, et je me flatte qu'à leur parfaite simplicité, et surtout à la grandeur d'âme des deux principaux acteurs de ce douloureux drame, on reconnaîtra que tout est vrai dans ce récit. Qu'on ne me demande pas qui l'a tracé, par qui il m'a été remis? car je ne répondrai à aucunes de ces questions, *et sans perdre de temps en récits superflus,* je commence.

L'HOMME AU MASQUE DE FER.

CHAPITRE PREMIER.

UNE grande beauté, un esprit doux et aimable, un caractère faible, une religion minutieuse : telle fut Anne d'Autriche, qui, pour son malheur, épousa Louis XIII. Elle était de l'âge du monarque : ils étaient nés l'un et l'autre en 1601, et furent mariés en 1616. La sœur de Philippe IV, qui n'était encore que prince d'Espagne, fut échangée contre madame Elisabeth, sœur de Louis XIII, et rien ne fut plus magnifique que les fêtes qui signalèrent ces deux alliances. Anne avait vivement désiré son union avec le roi de France, sans pressentir ce qu'elle aurait de douloureux pour elle. Elle fut délaissée de son époux presqu'aussitôt son mariage ; jamais caractères ne sympathisèrent plus mal que ceux du roi et de la reine. Celle-ci, confiante, bonne, aimable, aimant le plaisir comme on l'aime à quinze ans, recevait l'encens de tout ce qui l'environnait, bien plus parce qu'elle était belle, que parce qu'elle était reine ; elle comptait comme une grande princesse encore plus malheureuse qu'elle, autant d'amans qu'elle avait de sujets. Mais quelle différence entre les époux quoiqu'ils fussent du même sang ! Louis XIII avait toute la morgue et la tristesse castillanne : on eût dit qu'il était né sur les bords du Guadiana, et Anne sur ceux de la Seine. Louis était méfiant, jaloux, morose ; la gaîté de la reine l'importunait, son innocente coquetterie lui paraissait un crime et sa confiance en ses amis, qui fut si préjudiciable à cette princesse, une marque d'incapacité. Ainsi, il n'eut pour elle, ni amour, ni estime, ni confiance.

La piété de la reine, son attachement à ses devoirs, ne permirent jamais à ses plus cruels ennemis, de changer leurs calomnies en accusations qu'ils pussent soutenir avec des armes victorieuses, et la pureté de la conscience de cette princesse la consolait de l'indifférence de son époux, et de la noire méchanceté des courtisans. Cependant elle ne pût goûter un repos parfait avec elle-même; un terrible secret pesait sur son cœur, et y porta jusqu'à son lit de mort, une douleur si profonde, que seule elle eût suffi pour rendre ses jours les plus déplorables, quand elle n'aurait pas eu beaucoup d'autres sujets d'affliction. Un des premiers fut le malheur qu'elle eut de faire au commencement de son mariage, une fausse couche assez peu avancée. Le roi, qui lui cherchait des torts, osa l'accuser, en prétendant qu'elle ne s'était pas assez ménagée. Les médecins ordonnèrent quelque temps de repos. Le roi, qui n'aimait pas la reine, en prit occasion de s'éloigner du lit conjugal, et une des plus belles femmes de l'Europe se vit réduite au veuvage, avant son quatrième lustre. L'amitié de Monsieur, frère du roi, l'en consolait. Cette amitié donna lieu aux plus noires calomnies. Un ministre qu'on ne peut nommer sans un contraste de sentimens que lui seul sut inspirer, admiration et haine, reconnaissance pour avoir préparé le grand siècle, par ses vastes conceptions, horreur de ses proscriptions, de sa tyrannie, qu'il exerçait principalement sur son maître et sur tout ce qui était grand et noble à la cour, même parmi les gens de lettres (1), Richelieu enfin, fut l'ennemi le plus implacable de la

---

(1) Corneille fut constamment persécuté par le cardinal de Richelieu.

mère et de la femme de Louis XIII. Tout le monde sait qu'il laissa périr la première en exil, presque dans la misère; la seconde fut toujours l'objet de ses plus sombres intrigues, pour ne lui laisser prendre aucune autorité sur son époux, et il se servit des soupçons jaloux du roi, qu'il savait faire naître, pour entraîner dans une ruine certaine les victimes qu'il voulait frapper.

L'infortuné Henri de Talleyrand, prince de Chalais, fut de ce nombre: on l'accusa d'avoir voulu faire monter Monsieur sur le trône, et marier la reine avec son beau-frère, en faisant casser son mariage avec le roi; cet horrible tissu de calomnies conduisit le malheureux jeune homme à l'échafaud, et rompit pendant douze ans toute relation intime entre le roi et la reine.

Au milieu de l'humeur bizarre de Louis XIII, il avait le cœur susceptible d'attachement fort tendre, et s'il eût été moins soupçonneux et d'un caractère plus égal, il eût pu rendre heureuses celles qui étaient les objets de ses adorations : il était beau, bien fait, avait de l'esprit, aimait les arts et surtout la musique, il portait ce talent jusqu'à la composition ; d'ailleurs ses hommages devaient plaire à une femme délicate, car ils ne la compromettaient point, et la vertu la plus pure était la base de son attachement. Tel fut celui qu'il eut d'abord pour mademoiselle d'Hautefort (1); mais si les personnes à qui Louis XIII adressa ses vœux n'avaient rien à craindre du côté de l'honneur, combien n'eurent-elles pas à redouter la haine du cardinal qui ne leur pardonnait pas plus qu'aux favoris du roi ; tout ce qui pouvait, en quoi que ce soit, gêner son despotisme, était sûr d'être au moins exi-

---

(1) Depuis mariée au maréchal de Schomberg.

lé, et celui qui avait su faire, d'un fils tendre et soumis, un fils ingrat, pouvait bien rendre inconstant un amant délicat et tendre : aussi mademoiselle d'Hautefort fut-elle exilée ; il est vrai que peu de temps après, le cardinal la fit rappeler ; mais c'était pour balancer le crédit de mademoiselle de Lafayette, qu'il redoutait avec d'autant plus de raison que c'était une personne d'un grand mérite et d'une conduite si irréprochable, qu'il ne pouvait pas espérer faire changer le roi pour elle ; sans lui opposer une rivale dont il avait déjà connu le pouvoir sur le cœur du monarque.

Mademoiselle de Lafayette, fatiguée par les intrigues du cardinal, qui trouvait toujours le moyen de lui susciter des querelles avec son platonique amant, résolut de s'en séparer, et de suivre l'attrait qui la portait vers Dieu. Elle entra au couvent de la Visitation, et le roi n'osa pas s'y opposer ; mais il ne pouvait renoncer à l'entretenir quelquefois, aussi allait-il passer des heures entières au parloir, et en revenait toujours plus enchanté de l'esprit de la belle recluse, et plus touché de sa vertu. Le cardinal se voyait pris au piége qu'il avait tendu. Le roi conservait la plus tendre estime pour mademoiselle de Lafayette et il n'en aimait qu'un peu plus mademoiselle d'Hautefort ; il n'y avait que la reine qui était entièrement délaissée.

Mademoiselle de Lafayette ne voulait pas conserver avec le roi une liaison qui, toute spirituelle qu'elle était, ne pouvait s'accorder avec la rigidité de l'état qu'elle allait embrasser, et cependant elle éprouvait une peine secrète en pensant que mademoiselle d'Hautefort occuperait sa place dans le cœur du roi Elle ne s'avouait point cette jalousie, et cependant elle chercha un moyen de concilier les intérêts de son cœur et ceux de la religion, en faisant tous ses efforts pour réconcilier le roi et la reine. Cette princesse avait honoré d'une visite mademoiselle de Lafayette depuis qu'elle était au couvent; celle-ci était assurée que S. M. serait toujours disposée à rendre à son époux ses droits lorsqu'il les réclamerait ; et à vivre avec lui dans la plus parfaite intelligence.

Mademoiselle de Lafayette employa donc tout ce qu'elle avait d'éloquence et de crédit sur le roi, pour l'engager à se réconcilier avec son épouse. Louis objectait les raisons qui, malgré la beauté de cette princesse, l'avaient forcé à s'en éloigner, mais son amie insistait.

Le roi habitait depuis plusieurs mois Grosbois, château à quatre lieues de Paris, et la reine était au Louvre; il avait l'usage de retourner à Grosbois, en quittant le parloir de la Visitation; la discussion que Louis avait eue avec mademoiselle de Lafayette, le conduisit beaucoup plus tard qu'il n'avait coutume; il était nuit fermée et une des plus noires du mois de décembre quand il songea à se retirer; pour surcroît d'embarras il pleuvait à verse, et comme il avait gelé la veille, il était bien certain qu'il y aurait du verglas dans la campagne, et que les chevaux ne pourraient pas tenir. Mademoiselle de Lafayette exagéra l'inquiétude qu'elle aurait de voir le roi s'exposer à cette intempérie, d'autant plus que S. M. était venue à cheval, ainsi que toute sa suite. Elle le pressa donc avec la plus vive tendresse, d'aller coucher au Louvre, et de profiter de cette surprise pour se raccommoder entièrement avec la reine. Louis hésitait; cependant mademoiselle de Lafayette lui fit tellement regarder cette pluie si abondante, arrivée au moment où rien ne l'annonçait, comme un moyen dont Dieu se servait pour réunir deux époux, et leur donner un fils qui leur succéderait, que Louis, naturellement pieux, se décida à ne point s'opposer au desein de la Providence. Il prit donc le chemin du Louvre au lieu de celui de Grosbois.

CHAPITRE II.

L'étonnement fut extrême, quand on vit le roi entrer chez la reine, et qu'on le vit sans le cardinal, qui même n'avait pas été averti de son arrivée au Louvre. Quand Louis le voulait, il était aimable; il le voulut, et la reine fut très-surprise de lui trouver, avec elle, un ton presque caressant; mais elle s'en étonna moins quand elle sut qu'il venait de voir Mlle de Lafayette, et elle ne douta pas que c'était à elle qu'elle devait un si doux accueil; elle résolut de tenir ce qu'elle avait promis à cette vertueuse personne, et de ne mettre aucun obstacle à son raccommodement avec le roi. S. M. demanda à Anne si elle voulait lui donner à souper, et même à coucher: vous n'en doutez pas, reprit la reine, avec la physionomie la plus gracieuse. Ceux qui se trouvaient là assurent, que quoique la reine eût plus de trente-six ans, tous envièrent le sort de son époux.

Après le souper, le roi fit entrer son service, se fit déshabiller et se coucha. Quand les valets de chambre du roi furent retirés, la dame d'atours et les femmes de chambre vinrent mettre au lit leur maîtresse. Madame d'Hautefort, car quoiqu'elle ne fût point mariée, comme le roi lui avait donné la charge de dame d'atours de la reine, on ne l'appelait plus mademoiselle; cette dame, dis-je, ne savait ce qu'elle devait penser de cette étonnante intimité du roi et de la reine, lorsque le prince lui avait répété cent fois qu'il n'aurait jamais rien de commun avec sa femme; et que si la religion ne lui permettait pas de s'unir à une autre, au moins celle qu'il aimait pouvait être assurée qu'il n'aurait jamais, avec la reine, la moindre particularité, et il venait coucher publiquement avec elle. Si madame d'Hautefort avait eu de l'amour pour le roi, elle en eût éprouvé une extrême jalousie; mais quoiqu'elle n'eût pas même d'amitié pour un homme aussi fantasque, son amour-propre n'en fut pas moins singulièrement blessé, et elle pensa quitter la cour; mais le roi lui persuada que ce n'était que pour des raisons de politique, et pour avoir un héritier direct; dès le lendemain il n'était question que de ce raccommodement. Le cardinal en fut furieux. Le duc d'Orléans, qui pouvait en craindre les suites, en parut charmé.

Très-peu de jours après, la reine éprouva des malaises qui annonçaient une grossesse; ses amis s'en réjouirent; ses ennemis en firent de mauvaises plaisanteries, qui arrivèrent jusqu'au roi, et lui donnèrent quelques regrets de s'être prêté aux désirs de mademoiselle de Lafayette. Au surplus, il écrivit sur ses tablettes, le jour précis, je parierais même l'heure, afin de ne reconnaître l'enfant dont sa femme était enceinte, qu'autant que les neuf mois seraient parfaitement exacts. La reine en fut instruite, s'affligea de la méfiance injurieuse de son époux; mais ne s'en inquiéta pas, car elle savait bien qu'elle ne pouvait avoir d'enfans que du roi.

Mille accidens cependant pouvaient avancer l'époque de sa délivrance, et alors, que de chagrins lui étaient préparés! Elle le savait, et ainsi, de son côté, elle se repentait d'avoir rempli un devoir dont la longue négligence du roi pouvait, aux yeux des hommes, la dispenser. Mais comme elle ne s'y était prêtée qu'en vue de Dieu, elle se flatta qu'il la protégerait et son enfant, et que l'instant de ses couches serait si parfaitement correspondant à celui de sa réunion avec son époux, que ses ennemis ne pourraient exercer leurs langues perfides.

En attendant, rien ne changea pour cette princesse ; le roi n'eut pas avec elle plus d'empressement, elle ne le vit pas avec un front plus ouvert qu'avant leur réconciliation, et s'il restait à Saint-Germain, où la reine passa le temps de sa grossesse, ce n'était que pour se trouver avec Madame d'Hautefort.

Rien n'était aussi triste que cette cour, d'où le cardinal avait banni la confiance et l'amitié : il n'appartenait qu'à l'aimable mademoiselle de Montpensier (1), d'y goûter des plaisirs qui n'ont de prix qu'à son âge : (elle était âgée de dix ans) ; elle avait toute l'innocence de l'extrême jeunesse ; et les liens de parenté si méconnus des grands, avaient encore pour elle toute leur force. Aussi, sans penser que la grossesse de la reine

---

(1) Fille de Monsieur, frère du roi.

ruinait toute espérance que son père montât sur le trône, elle était enchantée de savoir que sa tante aurait un enfant, et déjà, elle aimait son petit-cousin; car, suivant l'usage, une reine est toujours censée ne devoir accoucher que d'un prince; mais surtout elle était très-contente des promenades qu'elle faisait en calèche avec le roi et madame d'Hautefort.

Une jeune personne de dix ans ne gêne pas des amans vertueux, et Louis pouvait entretenir sa maîtresse de ses chastes amours, devant sa nièce, sans qu'elle se doutât seulement qu'il avait pour madame d'Hautefort plus que de l'amitié. L'intimité qui régnait ainsi entre Mademoiselle et leurs majestés, dura tout le temps de la grossesse; la jeune princesse amusait la reine par ses brillantes réparties, et elle facilitait au roi les moyens de jouir de la société de madame d'Hautefort, sans la compromettre; ce temps fut assez heureux pour la reine. Accoutumée à la sombre froideur de son époux, elle ne connaissait point d'autre manière d'exister avec lui, et quand il ne la traitait qu'avec indifférence, elle ne se plaignait pas.

Enfin un grand événement auquel toute l'Europe était intéressée, beaucoup plus qu'elle ne le croyait alors, et qui causa une grande joie à la France, arriva. La reine sentit les premières douleurs. Le roi fit avertir tout ce qui devait constater l'existence et le sexe de l'enfant, et tous se trouvèrent dans la chambre de la reine. Elle donna le jour à un prince qui fut nommé Louis-Dieudonné; le roi reçut cette nouvelle sans joie et sans amour : mais cependant, les neuf mois se trouvèrent si ponctuellement accomplis, que la calomnie fut forcée de se taire, et le roi de convenir que l'enfant ne pouvait être à d'autre qu'à lui. La reine, au comble du bonheur d'être mère, se livra à toute la joie que cet événement lui causait; le cardinal parut la partager.

Cependant, la santé de la reine causait des inquiétudes, et l'on ne savait à quoi attribuer les souffrances qu'elle ne cessait d'éprouver. Il y avait vingt-quatre heures qu'elle était accouchée; déjà le jeune Louis avait reçu les félicitations de tous les corps, et son berceau avait été environné de toute la foule des Français qui voulaient voir l'héritier du trône de Saint Louis. Le roi qui avait eu, comme cela lui arrivait souvent, une querelle avec madame d'Hautefort, s'était retiré de très-bonne heure, et était parti pour Grosbois. La reine éprouvait des douleurs fort vives, et qui l'inquiétaient beaucoup; elle parut désirer qu'on la laissât libre. Madame d'Hautefort avait été la première à profiter de la permission, voulant écrire au roi. Il ne resta dans la chambre de la reine que madame de Chevreuse, madame de Louvigny, le cardinal, la sage-femme de la reine qui lui servait de garde, la première femme de chambre et le service.

Tout à coup, la reine jette un cri qui porte l'effroi dans les cœurs, et elle s'évanouit. La sage-femme effrayée s'approcha du lit ; un instant après, elle vint au cardinal, et lui dit de manière à n'être entendue que de lui, que la reine va certainement accoucher d'un second enfant, mais sans douleurs, parce que la nature est épuisée. Son Éminence ordonne que tout le monde sorte, à l'exception de mesdames de Chevreuse et de Louvigny, du médecin et de la première femme de chambre. La reine était toujours sans connaissance, et la sage-femme auprès du lit. Le cardinal adressa ce discours à ceux qui étaient restés dans la chambre de la reine.

« Nous allons, selon toutes les apparences, nous trouver dans la position la plus délicate : si l'enfant qui va venir est vivant, comment l'apprendre au roi, dont vous connaissez l'esprit soupçonneux? Il est parti pour Grosbois; quelque promptitude qu'on pût employer, il ne sera pas ici à temps pour voir naître cet enfant. Si c'est un garçon, qui peut décider entre deux jumeaux (1), qui est l'aîné ou le cadet? Dailleurs, dira S. M., pourquoi vingt-quatre heures entre ces enfans? sont-ils du même père? Je le crois, j'en mettrais ma main au feu : mais qui vous dit que le roi sera du même avis? depuis la nuit qui a donné la vie au Dauphin, il n'en a passé aucune avec la reine; que ne dira-t-il pas en voyant venir celui-ci un jour plus tard? Je crois donc que, pour l'intérêt de la reine, la tranquillité de l'état, le repos du roi et l'avantage de monseigneur le Dauphin, il ne faut pas divulguer cette naissance tardive. Jurons de nous taire:

---

(1) C'était encore sujet à procès; on croyait même alors que c'était l'aîné qui naissait le dernier. A présent, c'est le premier qui voit le jour qui est l'aîné.

on confiera cet enfant à madame de Louvigny, qui le fera élever comme un de ses neveux, ou une de ses nièces. Je ferai de sorte qu'il soit mille fois plus heureux que sur le trône ». Tous, à l'exception de madame de Chevreuse, furent de l'avis du cardinal ; mais elle ne communiqua pas son projet, et n'en jura pas moins de se taire, avec l'intention de parler, si c'était un prince et qu'il vécût.

On ne fut pas long-temps dans l'incertitude, la sage-femme délivra la reine d'un pauvre petit être du sexe masculin si faible qu'on se hâta de l'ondoyer, ne pensant pas qu'il pût vivre plus de quelques minutes. La sage-femme s'empressa de l'envelopper dans sa mante, et de sortir de la chambre de la reine ; madame de Chevreuse engagea madame de Louvigny à suivre cette femme.

On éloigna des yeux de la reine tout ce qui pouvait lui apprendre qu'elle avait eu un second enfant. On la changea de lit, sans qu'elle eût repris ses sens ; et elle était recouchée dans le sien, quand elle rouvrit les yeux. Son médecin, qui ne l'avait pas quittée, l'assura que ce qu'elle avait éprouvé était une crise salutaire qui la rétablirait. Elle se plaignit d'une extrême faiblesse, on lui fit prendre un consommé, un peu de vin d'Espagne, et elle se trouva mieux : personne autre que celles qui étaient dans la chambre, n'eurent la moindre idée de cet événement extrêmement rare et qui cependant n'est pas sans exemple.

Madame de Chevreuse était très-inquiète de savoir ce qu'était devenu le pauvre enfant, et s'il vivait, ou s'il était mort, ce qui eût été plus heureux pour lui que de vivre. Elle se rendit donc chez madame de Louvigny, qui était enfermée avec la sage-femme, et le marquis de Louvigny, à qui sa femme ne pouvait cacher ce secret sans se compromettre. L'enfant avait donné quelque faible marque d'existence. Madame de Louvigny le tenait dans ses bras, tandis que la sage-femme pressait sur ses lèvres une petite éponge imbibée d'eau sucrée. Il faut lui chercher une nourrice, dit madame de Chevreuse. — Non, répondit madame de Louvigny, nous le ferons vivre ainsi jusqu'à ce que nous soyons parvenus à Louvigny, où je le conduirai; une fois arrivés, je choisirai dans le village une paysanne d'une bonne santé, à qui je dirai qu'il est le fils naturel d'un frère de M. de Louvigny, que la mère est morte en couche, et que M. de Louvigny ma demandé de l'élever. Madame de Chevreuse trouva tout cela fort bon, en attendant qu'elle pût mieux faire pour ce pauvre infortuné. On se promit de ne rien dire à la reine, dont ce serait faire le malheur; madame de Chevreuse parut en être aussi persuadée que ses amis, et leur dit qu'elle allait instruire le cardinal de tout ce dont ils étaient convenus; elle revint chez la reine qu'elle trouva mieux. Le cardinal y était encore; il s'entretint avec elle, dans l'embrasure d'une croisée, et il approuva tout ce que madame de Louvigny avait décidé pour son fils adoptif. Il vaudrait mieux, dit Son Eminence, qu'il mourût : car il est toujours à craindre que... mais enfin avec ces précautions il faut espérer que ce fatal secret ne parviendra pas aux oreilles du roi, à qui on n'ôterait pas de l'idée que le premier n'était pas son fils; peut-être ni l'un ni l'autre, et je ne sais à quelle extrémité il ne se porterait pas. Ensevelissons donc ce douloureux secret ! l'enfant sera heureux ; vous direz à monsieur de Louvigny de venir chez moi, demain matin, je lui remettrai un bon de deux cent mille francs sur le trésor royal, qu'il placera pour son pupille; et je vous répète, madame, qu'il sera mille fois plus heureux que sous la pourpre royale. Madame de Chevreuse n'en pensait rien, car l'ambition la dévorait, et elle était très-aise d'envisager un moyen de remuer et de faire parler d'elle ; elle fit dire à M. de Louvigny de se rendre chez le cardinal, qui lui témoigna beaucoup d'amitié et de confiance, et il en était digne : c'était un brave officier, qui était incapable de manquer à sa parole ; ayant donné la sienne au cardinal, il était bien certain qu'il ne la trahirait pas. Madame de Louvigny était aussi la meilleure et la plus aimable des femmes, et si le ciel eût permis que ce digne couple eût été seul dépositaire du secret de la naissance du jeune Ferdinand (car c'est le nom qu'il reçut au baptême) jamais on n'eût connu le sang dont il sortait, et ils n'eussent point excité des troubles, qui nécessitèrent contre cet infortuné des mesures sévères, mais indispensables.

CHAPITRE III.

Madame de Louvigny passa la nuit entière auprès de Ferdinand. Elle avait dit à ses femmes, qui bientôt le redirent dans tout l'hôtel, que cet enfant était à son beau-frère et que sa mère était morte, et ne mettant aucun mystère dans l'existence de Ferdinand, on ne fut point tenté d'en savoir davantage. Ce pauvre enfant avait pris un peu de lait, et il paraissait certain qu'il pourrait soutenir la route. Son oncle et sa tante, car c'est ainsi qu'il appela toujours M. et madame de Louvigny, partirent avec lui et une femme de chambre, pour se rendre dans leur terre à cinq lieues de Tours.

L'antique château qui leur servait

de demeure, et qui avait soutenu plusieurs siéges, était sur les bords de l'Indre. Le parc, parfaitement planté, communiquait à la forêt de Loches, et des fenêtres de la maison bâtie à mi-côte, on plongeait sur une magnifique prairie, où la rivière semblait se jouer et revenir sur ses pas, pour s'en éloigner le plus tard possible. C'était dans ce séjour de paix et de bonheur que Ferdinand était destiné à passer sa vie; et elle eût été parfaitement heureuse, si l'intrigue qui, semblable aux Harpies, gâte tout ce qu'elle touche, ne se fût pas emparé de son existence pour la rendre infortunée, en ne paraissant occupée que de son agrandissement.

Je n'entrerai dans aucun détail sur les premiers momens de la vie de Ferdinand. Ils ressemblent à ceux de tous les enfans dont une tendresse éclairée guide les premiers pas dans la carrière de la vie. Madame de Louvigny n'avait point d'enfans, et ne se flattait pas qu'un miracle comme celui que le ciel avait fait en faveur de la reine, lui donnerait un fils au bout de vingt ans; ainsi elle était enchantée de pouvoir adopter celui qu'une circonstance bizarre avait mis dans ses bras, et qui ne pouvait avoir qu'une âme digne de sa haute origine.

Le frère de la marquise, M. de Liancourt, avait une fille de six mois, plus âgée que Ferdinand, et elle voyait déjà l'espoir de les unir; mais avec cette idée qui entrait aussi dans les vues de M. de Louvigny, ils résolurent de ne point faire rencontrer ces enfans avant l'âge où leurs cœurs seraient susceptibles d'un sentiment réciproque; car ils avaient remarqué que des enfans élevés ensemble ne s'aimaient presque jamais d'amour, et malgré tout ce qu'on en peut dire, il en faut un peu en se mariant, ou l'hymen n'est plus qu'une triste contrainte.

M. et madame de Louvigny passaient plus des deux tiers de l'année à Louvigny, et lorsqu'ils quittaient le château, ils confiaient leur cher élève à une cousine du marquis qui ne sortait point de cette terre; digne et sainte fille, mais ayant des préjugés, comme tous ceux qui ont l'esprit borné et le cœur froid. Elle n'avait donc pas une haute considération pour Ferdinand, fils naturel d'un cadet de sa maison : encore, disait-elle, si c'était le fils d'un prince du sang, au moins il serait gentilhomme; mais le fils naturel de mon cousin est un pauvre roturier, et rien de plus; de sorte qu'elle n'était pas très-flattée de la confiance qu'on avait en elle pour élever Ferdinand qui trouvait une grande différence d'elle à sa bonne tante madame de Louvigny. Celle-ci le caressait sans cesse, le prenait sur ses genoux, et lui donnait tout ce qui lui faisait plaisir, l'appelait son neveu, plus souvent encore son fils; tandis que mademoiselle Clémentine de Louvygny ne le nommait jamais que Ferdinand, et ne voulait pas qu'il l'appelât autrement que *mademoiselle*. Du reste, elle veillait à ce qu'il fût bien soigné, et elle lui apprenait les premiers élémens des sciences et sur-tout de la religion. Ferdinand joignait à une grande beauté tout l'esprit que l'on peut avoir; il était difficile même à Clémentine de ne pas s'attacher à lui.

M. et madame de Louvigny allaient s'éloigner pour la troisième fois de leur cher élève, et la plus parfaite sécurité régnait autour de lui. Sa tante cependant le quittait cette année avec plus de regrets que les années précédentes, et un pressentiment dont elle n'était pas maîtresse lui faisait envisager cette séparation avec plus de peine. Avant de monter en voiture, elle revint plusieurs fois dans sa chambre où il était endormi; elle ne pouvait s'arracher de son berceau; elle prenait les mains de sa cousine, elle lui recommandait avec une vive affection cet enfant. En vérité, dit enfin Clémentine, ne dirait-on pas que c'est le fils d'un roi dont vous me chargez! je ne vous conçois pas, ma cousine; comment peut-on prendre tant d'intérêt à un être dont la naissance... Ah! ma cousine, vous ne savez pas... Vous ne pouvez savoir à quel point il m'est cher, et combien son sort... M. de Louvigny, qui s'ennuyait de ce que sa femme ne descendait pas, vint la chercher, et il était temps; car madame de Louvigny, voyant que sa cousine ne mettait pas autant d'intérêt qu'elle aurait désiré à son élève, allait peut-être lui apprendre la destinée de cet enfant, quoiqu'elle ne dût pas compter sur la discrétion de Clémentine.

M. et madame de Louvigny partirent enfin, et la cousine ne pouvait trop concevoir cette excessive tendresse, et commençait à imaginer qu'il y avait plus qu'on ne disait.

Ses conjectures prirent bientôt plus de force par deux circonstances qui se succédèrent, et qui toutes deux eurent un rapport direct avec Ferdinand.

Il y avait environ un mois que la marquise et son époux étaient à Paris, lorsqu'un soir Clémentine entendit des coups de fouet, et vit aux derniers rayons du jour entrer dans la grille un courrier, suivi d'un officier de marine, qui arrivaient au château. Ferdinand était à côté d'elle. Elle le quitte et va savoir qui vient si tard, et par un si mauvais temps; car il neigeait à flocons. On entre dans le vestibule; c'était le chevalier de Louvigny qui arrivait de Saint-Domingue où il était depuis trois ans. Etant parti précisément à l'époque de la naissance de Ferdinand, son frère n'avait pu l'instruire de la paternité dont il l'avait honoré, ces choses là ne s'écrivent pas, et ils comptait le mettre du secret à son arrivée :

mais il n'avait pas prévu que le chevalier pourrait venir directement chez lui pendant son absence, et cela eût pu faire un très-mauvais effet. — Mon frère et ma belle sœur ne sont point ici? — Non, voilà un mois qu'ils sont à Paris. — J'en suis fâché; à qui est ce bel enfant, est-ce que mon frère s'est fait enfin un héritier? — La plaisanterie est bonne. — Ce n'est point une plaisanterie, madame de Louvigny est bien encore d'âge à avoir des enfans et mon frère n'a pas cinquante ans. — J'en conviens, mais il me semble que vous avez d'assez bonnes raisons pour savoir que cet enfant n'est pas votre neveu. — Il est bon celui-là; vous voulez que de Saint-Domingue ici, je sache ce qui s'y fait, et si ma belle sœur accouche ou n'accouche pas? — Sans contredit; mais vous savez à merveille qui est accouchée de cet enfant et encore mieux qui en est le père. — Vous vous trompez fort, ma cousine, je ne sais rien au monde sur l'origine de ce joli enfant qui, au demeurant, est beau comme un ange. — Allons, tout mauvais cas est reniable : mais monsieur votre frère n'a pas été si discret, il a remis cet enfant à la marquise en l'instruisant de sa naissance, et en lui disant que sa mère, qui était votre maîtresse, était morte en couche. M. et madame de Louvigny sont partis en poste de Paris, pour amener ici cet enfant, ils lui ont donné une nourrice et ils l'élèvent avec soin ; quand ce serait monseigneur le dauphin, ils n'en feraient pas plus.

—Je vous laisse parler, ma chère Clémentine, car je suis si stupéfait de tout ce que vous me dites, que je n'en puis revenir ; il n'y a pas un mot de vrai de tout ce que vous venez de me raconter. Lors de mon départ pour Saint-Domingue je n'ai pas laissé de maîtresse enceinte ; c'est quelque malheureuse qui a pris ce prétexte là pour qu'on eût soin de son enfant, qui est peut-être le fils d'un pendu; il serait toutefois possible que Ferdinand fût le fruit d'une escapade de mon cher frère aîné, dont il n'aurait pas voulu instruire sa femme, et cependant il désire que son enfant soit élevé sous ses yeux, et il aura fait ce conte à ma belle-sœur, qui l'a cru; il a eu tort de ne m'en pas prévenir : mais n'en disons rien; je caresserai le bambin devant les domestiques, cela suffira pour qu'ils entretiennent l'erreur de cette bonne Cécile, qui adore son mari; et tout en disant cela, le chevalier s'était assis, avait pris Ferdinand dans ses jambes, et le caressait. — Est-ce toi, dit l'enfant, en s'adressant au chevalier, qui est mon père? — Tu vois bien que oui. — J'en suis fort aise, car j'aime bien mon oncle, surtout ma tante, et mademoiselle Clémentine, qui ne veut pas être ma cousine, mais j'aimerai bien papa.

Le chevalier ne pouvait s'empêcher d'admirer la beauté de Ferdinand, son air noble et fier. — Je conçois que mon frère et ma sœur l'aiment à la folie, il est charmant. — Mais s'il n'est ni à vous, ni à monsieur votre frère, si on l'a trompé..... Et qu'importe! il n'est pas moins le plus bel enfant que j'aie vu.

Le chevalier passa trois jours à Louvigny, caressa beaucoup Ferdinand, se laissa appeler papa par lui, et lui donna avec une sorte d'orgueil le nom de fils : ce que Clémentine ne pouvait concevoir, elle lui fit promettre, quand il aurait éclairci ce mystère avec le marquis, de l'en instruire. Toute la maison fut entièrement persuadée que le chevalier était le père de Ferdinand, et ce qui aurait pu faire découvrir une partie de cet important secret, ne servit qu'à épaissir le voile dont il était couvert.

CHAPITRE IV.

Le chevalier de Louvigny, en arrivant à Paris, se rendit chez son frère, qui lui expliqua le mystère de la naissance de Ferdinand sous le sceau du plus inviolable secret, et on convint qu'il écrirait à Clémentine la lettre que je rapporte ici.

« Pardon, ma chère cousine, si je n'ai pu prendre sur moi de convenir avec vous que Ferdinand était mon fils; mais votre rare vertu vous met tellement au-dessus des faiblesses humaines, que l'on ne peut se résoudre à rougir devant vous. Je dois à la justification de mon frère de convenir de mes torts et de vous demander de continuer à mon fils vos bontés. Puisse-t-il, formé par son oncle, sa tante, et vous, ma chère cousine, valoir mieux que son père, qui vous assure des sentimens de la plus sincère reconnaissance ! »

Signé Le chevalier de LOUVIGNY.

Cette lettre étonna encore beaucoup Clémentine. — Pourquoi nier ce que je savais, pourquoi en convenir après ? mais tout cela ne m'explique pas l'étonnante tendresse de Cécile pour cet enfant ; si c'était…..? oh ! je ne veux pas avoir une telle pensée. Je voudrais seulement savoir quelle est sa mère ; elle doit être bien belle si elle lui ressemble.

Ferdinand, depuis qu'il croyait avoir vu son père, était encore de bien meilleure humeur ; le chevalier lui avait envoyé de fort jolies choses qu'il avait apportées de Saint-Domingue, et à sa cousine des étoffes magnifiques qui venaient de l'Inde ; il avait été très-généreux avec les domestiques, de sorte que leur reconnaissance refluait sur Ferdinand, qui était le maître du château, mais un bon petit maître, car il était impossible d'annoncer un plus heureux caractère, et mademoiselle de Louvigny avait réellement fini par l'aimer. M. et madame de Louvigny revinrent au printemps, et tout l'été se passa de la même manière. Ferdinand avait quitté ses premières robes; il était en uniforme de cavalerie, et son oncle lui avait donné un tout petit cheval : le chevalier vint le voir et continua le rôle de père. J'ai oublié de dire que madame de Chevreuse venait tous les ans à Louvigny et qu'elle faisait mille caresses à Ferdinand, qu'elle plaignait de tout son cœur, car elle était incapable de connaître les véritables moyens de bonheur que la nature accorde à ses enfans chéris. L'automne, en finissant, fit encore partir M. et madame de Louvigny pour Paris, et Clémentine, qui s'attachait à Ferdinand, n'ayant, pendant l'absence de ses parens, d'autre société que lui, lui donnait les plus sincères témoignages de tendresse. Mais elle lui en montra bien plus encore après une visite fort singulière que deux grandes dames vinrent faire à cet enfant. Le lecteur sait déjà qui elles sont; il ne saura pas tout de suite comment l'une d'elles a su qu'il existait; je vais d'abord rendre compte de ce qui arriva au château de Louvigny, puis on saura ce qui se passa au Louvre et donna lieu à cette entrevue.

Mademoiselle Clémentine, déjà sur le retour, dévote sans beauté, avec peu d'esprit, se croyait déplacée dans un château où l'hiver elle ne voyait que le curé et son vicaire, et où l'été elle était éclipsée par la marquise, de sorte qu'elle s'ennuyait beaucoup, et se disait : — Quoi! n'irai-je donc jamais à Paris, à Saint-Germain, je ne verrai jamais la cour! c'est bien triste ; il faut absolument que ma cousine m'emmène le premier voyage qu'elle fera. Ferdinand l'entendit et dit : — J'irai aussi, mademoiselle. — Oh ! cela n'est pas sûr, les petits garçons ne vont pas chez le roi. — Et chez la reine ? — Pas davantage. — Ah ! j'en suis fâché, car elle est belle, la reine ; j'ai vu son portrait, mon oncle me l'a montré.

Comme ils parlaient de cette malheureuse princesse, deux courriers galonnés d'argent sur toutes les tailles, entrent dans la cour, et à l'instant une berline à huit chevaux s'arrête au perron. Mademoiselle de Louvigny ne sait qui ce peut être ; la portière s'ouvre, deux femmes avec des loups (1) en descendent ; elles sont très-richement vêtues ; elles demandent où est Ferdinand. Clémentine se dit aussitôt : voilà la mère ; elle n'est pas morte : c'est une grande

---

(1) Masques de velours noir qu'on portait pour se garantir des intempéries de l'air.

dame, tout cela se pense vîte.— Le voici, madame. Mais il n'a pas plutôt vu ces visages noirs qu'il veut s'enfuir; il fait des cris affreux. La plus grande des deux, celle qui avait demandé Ferdinand, et dont le son de voix n'était pas inconnu à Clémentine, appelle celle-ci dans une embrâsure de croisée, et lui dit : — Je puis ôter mon masque devant vous, et vous me connaissez; mais je vous prie qu'aucun des gens ne sache qui je suis; quant à la dame qui est avec moi, et que je nommerai ma sœur, elle ne se démasquera pas. Mademoiselle de Louvigny fut fermer la porte, et madame de Chevreuse ôta son loup. — J'avais reconnu votre voix, madame, mais je ne comprenais pas.... — Le plus grand silence, mademoiselle, cela est d'une extrême importance. Madame de Chevreuse s'approcha de l'enfant, qui se laissa prendre et caresser par elle. — Qu'il est beau ! il est encore mieux que....!

et elle veut le faire approcher de la plus petite des dames; mais impossible. — Il n'a jamais pu s'accoutumer, dit Clémentine, à nos masques; quand il voit sa tante ou moi en prendre un, il va se cacher. — Je ne puis ôter le mien, c'est impossible; je sors de la petite vérole; je fais peur. Madame de Chevreuse faisait tout ce qu'elle pouvait pour le faire approcher de la reine, car on pense bien que c'était elle; mais ce fut impossible. — Je ne vois qu'un moyen, c'est que mademoiselle veuille avoir la complaisance de nous laisser seules avec l'enfant; alors ma sœur ôtera son masque, et il faut espérer qu'il n'aura pas si peur d'une figure rouge et enflée que d'un visage noir.

Mademoiselle de Louvigny, qui connaissait madame de Chevreuse, et qui voyait bien que l'autre dame était une femme de haut parage, sortit du salon pour aller donner des ordres, car elle imaginait que les voyageuses resteraient à souper et ne partiraient que le lendemain, et elle dit à madame de Chevreuse : — Quand ces dames auront besoin de quelque chose, elles voudront bien sonner ; elles peuvent être sûres que l'on ne viendra pas les interrompre : car Clémentine se douta que la plus jeune n'avait gardé son masque que pour n'être pas connue ; elle demanda cependant le temps de faire allumer et de mettre du bois dans le feu ; et madame de Chevreuse ayant remis son loup, Clémentine appela un domestique qui exécuta promptement ses ordres, mais pas autant que le désirait la mère de Ferdinand.

Dès que le laquais fut sorti, madame de Chevreuse ferma la porte en dedans ; la reine ôta son masque et appela Ferdinand, qui se jeta dans ses bras. — Vous voilà belle, dit-il, ne remettez pas ce vilain masque. La reine éprouvant un sentiment indéfinissable de plaisir et de douleur, était si excessivement émue, que madame de Chevreuse craignit qu'elle ne s'évanouît; je ne puis rendre un compte exact de tout ce que cette mère infortunée dit à son enfant dans cette entrevue. Ferdinand, qui n'avait pas cinq ans, ne pouvait saisir le sens de tout ce que ces dames lui dirent et se dirent entre elles ; il entendit seulement que madame de Chevreuse répétait à la reine : — Madame ce serait un meurtre de le laisser languir dans l'obscurité; il est plus beau et paraît aussi spirituel que son frère. — J'ai un frère? — Oui, mon enfant, dit la reine en soupirant, tu en as deux, et elle se mit à pleurer (1). — S'ils sont malheureux, reprit Ferdinand, amenez-les ici, nous jouerons ensemble, et je leur donnerai tout

───────────────

(1) La reine était accouchée deux ans après la naissance de M. le Dauphin, de M. le duc d'Anjou, qui, à la mort de Louis XIII, prit le nom de Monsieur, et fut la souche de la maison d'Orléans actuelle.

ce que je possède. La reine prit l'enfant, le serra contre son cœur, et dit : — Non, je ne tiens pas à ce trait, dès que je pourrai.... —Ce sera bientôt, reprit madame de Chevreuse, ses ennemis ne vivront pas toujours. Le temps avançait, et l'enfant avait beau trouver ces dames fort belles, et très-aimables, il avait faim, envie de dormir, et le dit tout simplement. Anne remit son masque ainsi que madame de Chevreuse qui sonna, Clémentine vint savoir ce qu'elle désirait

— Vous ne doutez pas, mademoiselle, que nous prenons un vif intérêt à cet enfant destiné à jouer un rôle important; mais il est très-essentiel qu'il reste ici pendant plusieurs années. Nous n'avons pas besoin de vous dire qu'il est inutile d'écrire à M. et à madame de Louvigny notre apparition chez eux ; quand ils seront de retour, vous leur en parlerez. Mais par la poste, cela serait imprudent. Faites-nous donner à souper, et faites porter le berceau de l'enfant dans la chambre où vous comptez que madame couchera, et où vous ferez monter un lit de veille pour moi. Madame de Chevreuse donnait ses ordres avec une telle autorité, qu'il ne vint pas même à l'idée de mademoiselle de Louvigny d'y faire la moindre objection.

On servit dans le salon, comme madame de Chevreuse l'avait demandé; on mit trois couverts. Quoique la reine eût remit son loup, Ferdinand n'en avait plus peur, il baisait ses mains, les plus belles que l'on put voir, et appuyait sa tête sur son sein. L'instinct de la nature lui rendait la place dont l'astucieuse politique du cardinal l'avait privé. Quant le souper fut servi, madame de Chevreuse demanda qu'on les laissa. Clémentine se retira et fit sortir les domestiques, qui ne comprenaient rien à cette singulière visite.

Ferdinand mangea de fort bon appétit et fit plus d'une fois sourire sa mère par sa gaîté, et l'attendrit toujours par son esprit et sa sensibilité. Cependant les paupières de l'enfant s'appesantissaient, il fallut le faire coucher; les dames remirent leurs masques, et madame de Chevreuse sonna; on emmena Ferdinand dans le grand appartement qu'on appelait la chambre du roi, parce que Henri IV y avait couché lorsqu'il n'était encore que roi de Navarre. Le lit était de velours violet à franges d'or, la tenture, les rideaux et les meubles pareils, le portrait de Henri-le-grand, en pied, sur la cheminée; le berceau et le lit de veille y avaient été apportés d'après les ordres de la duchesse. On y avait aussi placé la toilette de la marquise, qui était de vermeil avec une travaillote de dentelles d'Angleterre. On avait mis dessus les plus délicieux parfums. Enfin, dans cette chambre qui, depuis Henri IV, n'avait jamais été habitée, la reine pouvait se croire dans un de ses palais, tant elle était somptueusement meublée; mais Clémentine ne la trouva pas être trop magnifique pour la mère de Ferdinand, dont elle fit au moins une princesse du sang. Les dames passèrent peu de temps après dans l'appartement qui leur était destiné et où Ferdinand dormait tranquillement, et mademoiselle de Louvigny leur demanda si elles désiraient avoir une femme de chambre ou accepter ses services. La duchesse la remercia et dit qu'elles se serviraient réciproquement. Elles donnèrent seulement l'ordre que leurs chevaux fussent mis à sept heures du matin, et qu'on vînt les éveiller à six heures et demie; mademoiselle de Louvigny demanda ce que ces dames désiraient prendre avant de partir. La duchesse accepta seulement du chocolat. Clémentine leur souhaita une bonne nuit et elle sortit.

Je n'ai pas besoin de dire que la

reine ne voulait pas se coucher pour jouir au moins pendant le peu d'heures que cela lui était possible, du bonheur de voir son fils. Mais enfin madame de Chevreuse, que cette contemplation ne touchait pas autant que S. M., l'engagea à prendre du repos, pour pouvoir en jouir aussi pendant quelques heures. Mais quand la reine fut couchée, elle jeta les yeux sur le portrait de Henri-le-grand, père de son époux, et les ramenant sur le berceau où son fils dormait : C'est aussi son petit-fils, ce roi souffrira-t-il qu'on le prive de ses droits. O mon père! dit-elle en joignant les mains, protége ce faible enfant qu'un ministre cruel a enlevé à ma tendresse! que ce crime reconnu serve à la fin à faire tomber sur lui le glaive de la loi qu'il a souvent rougi du sang de l'innocence! Je ne demande point qu'on dépouille pour lui le Dauphin, mais qu'il soit reconnu pour son frère, et que le duc d'Anjou lui cède le pas. Rien ne vous sera aussi facile, madame, reprit la duchesse, si vous le voulez fortement, et c'est au nom des mânes du héros que cette image nous retrace, que je vous engage à avoir la force de dénoncer le crime que le cardinal a commis. — J'y étais décidée avant d'avoir vu cet enfant ; vous devez penser que sa beauté, ses grâces, l'esprit qu'il promet d'avoir rendent beaucoup plus ferme cette résolution. Oui, je jure à Henri-le-grand de rendre à son descendant les droits que lui donnent sa naissance.

On vint à l'heure convenue à la porte de l'appartement dire à ces dames qu'il était six heures et demie. La reine trouva que cette nuit avait été bien courte, se leva néanmoins. Ferdinand était déjà éveillé ; Anne s'étant approchée de son berceau, il jeta ses petits bras à son col, et ne cessa de lui prodiguer les plus tendres caresses. La reine lui passa une chaîne de rubis à laquelle était attachée un médaillon où étaient enfermés des cheveux avec un chiffre en brillans, composé des lettres A et L; les plus beaux diamans l'entouraient. L'enfant trouva ce bijou très-beau, et lui dit : je ne le quitterai jamais. J'y compte, reprit la reine en lui donnant encore cent baisers.

On vint dire que les chevaux étaient mis, et le chocolat prêt. Madame de Chevreuse prit le plateau sur lequel le déjeuner était placé des mains d'un domestique qu'elle ne laissa pas entrer et referma la porte. On déjeuna avec Ferdinand, qui continua à être aussi aimable que la veille. Clémentine, qui, par respect pour la dame masquée qui lui imposait beaucoup, n'avait osé faire de questions ni à elle ni à celle qui l'accompagnait, se flattait qu'au moins Elisabeth, sa femme de chambre, aurait appris par les domestiques de ces dames, qui étaient ces mystérieuses voyageuses, mais elle ne fut pas plus instruite. Le cocher, le postillon, les deux laquais étaient anglais, et ne savaient pas un mot de français; les chevaux et les deux beaux chiens qui les suivaient étaient aussi des Iles Britanniques, ainsi on ne put avoir aucun renseignement. Ce qui paraissait certain, c'est que les deux voyageuses étaient françaises. Ce qui lui fit penser que peut-être celle qui n'avait pas ôté son masque était la reine d'Angleterre (1), réfugiée en France depuis plusieurs années, et qui, voulant soustraire un de ses fils à la persécution qui pesait sur les Stuarts, était accouchée secrètement. Ainsi elle s'éloigna entièrement de la vérité, mais n'en voua pas moins un profond respect à l'illustre orphelin.

L'instant où il fallut que la reine se sépara de son fils, fut si douloureux, que madame de Chevreuse se repentit

---

(1) Henriette de France, femme du roi Charles Ier.

de lui avoir fait connaître l'existence de cet enfant; elle se trouva fort mal, et le départ fut retardé. Ferdinand jetait les hauts cris en la voyant sans mouvement. L'impossibilité d'appeler qui que ce fût, parce qu'on ne pouvait remettre à la reine son masque sans prolonger ce spasme, causait la plus vive inquiétude à la duchesse. Enfin la reine reprit ses sens, embrassa son fils en l'inondant de ses larmes, auxquelles l'enfant mêla les siennes; et s'arrachant de ses bras, remit son masque et sortit de l'appartement. Tous les domestiques étaient en haie sur son passage. Madame de Chevreuse donna dix louis au majordome, et la reine offrit à mademoiselle de Louvigny des pendans d'oreilles de diamans d'une grande valeur, en lui recommandant le cher Ferdinand. Clémentine lui baisa la main, et l'assura de tout son zèle pour ce précieux enfant, qui s'était attaché à la jupe de la reine et voulait monter en carrosse avec elle. Madmoiselle de Louvigny le prit dans ses bras; les dames se hâtèrent de quitter ce pauvre enfant, à qui elles venaient de donner des idées de grandeur qui ne s'effacèrent jamais de sa mémoire, et ne servirent qu'à rendre son sort plus malheureux. La reine et madame de Chevreuse montèrent en voiture qui partit au grand trot.

CHAPITRE V.

J'ai promis d'apprendre au lecteur comment la reine avait enfin su qu'elle était accouchée de deux enfans, dont un était monseigneur le Dauphin environné de tout le prestige de la grandeur, pendant que son frère, caché au fond d'un château aux bords de l'Indre, passait pour le fils illégitime d'un simple gentilhomme ; je vais satisfaire sa curiosité.

Il y avait quatre ans que le secret de la naissance de Ferdinand n'avait point transpiré, quand un événement fort simple de sa nature, donna à cette princesse la première lumière de l'existence de cet enfant.

Un Franciscain espagnol, chargé de dépêches secrètes de la part de

Philippe III, pour la reine, afin de n'être point suspect, voyageait à pied comme le font ceux de son ordre. Il se trouva vers la fin d'un jour de de l'automne de 1642, au village de Louvigny; il était las, et s'étant informé s'il y avait une maison où on voudrait bien le recevoir, on lui indiqua le château ; il s'y rendit, et demanda l'hospitalité, qui lui fut accordée, avec toutes les grâces possibles. Il parlait bien français ayant fait ses études à Paris. M. de Louvigny, qui respectait en lui le sacerdoce, car ses lettres d'obédience portaient qu'il était prêtre, le fit manger à sa table et le garda deux jours, parceque le religieux paraissait extrêmement fatigué. Ferdinand, à qui il donna beaucoup d'images, d'agnus et de chapelets, le trouva fort à son gré et ne le quitta presque pas, tout le temps qu'il passa à Louvigny, d'où le bon père ne partit pas sans être enchanté de tout ce qui habitait dans le château ; mais surtout du jeune Ferdinand dont la beauté le frappa. Arrivé à Saint-Germain, il se passa près d'un mois avant qu'il fût admis à l'audience particulière de la reine. Enfin S. M. le reçut ; monseigneur le Dauphin était auprès de sa mère. Le moine fit un mouvement de surprise qui fut remarqué par la reine. Qui vous fait tressaillir ? — Oh ! madame, c'est une chose si extraordinaire, que je ne sais comment en faire part à V. M. — Parlez je vous prie, mon révérend père, j'aime beaucoup les choses bizarres. — V. M. l'ordonne.— Mon Dieu, oui ; je voudrais déjà le savoir.

—Imaginez, madame qu'en venant d'Espagne, j'ai pris la route du Berri, et ayant passé à Loches, pour me rendre à Tours, j'ai traversé un village nommé Louvigny ; j'ai demandé combien il y avait jusqu'à Tours ; on m'a dit cinq lieues ; il était tard, et j'étais très fatigué ; je me suis informé où était le presbytère : on m'a dit que que je serais mieux au château, que M. le marquis de Louvigny et sa compagne étaient des gens pleins de charité : je m'y suis fait conduire, ils m'ont reçu avec une extrême bonté et m'ont engagé à rester chez eux, j'y ai demeuré en effet deux jours. — Tout cela, mon révérend père, n'a rien d'extraordinaire ; je connais et j'aime M. et madame de Louvigny. La femme est la vertu même, et son mari un digne et loyal chevalier, et il est tout simple qu'ils vous aient bien reçu, surtout si vous leur avez parlé de moi. — Non, madame, mais ce n'est pas là ce qu'il y a de plus bizarre. — Quoi donc ? — M. de Louvigny élève un de ses neveux, un enfant de quatre ans, d'une beauté remarquable, et du caractère le plus aimable ; ce joli enfant m'avait pris en amitié, il ne m'a pas quitté tout le temps que j'ai été à Louvigny — Jusqu'ici, mon révérend père, je ne vois rien de singulier dans votre récit — Ah madame, ce n'est pas non plus à Louvigny que se trouve la singularité, mais ici, madame, dans le cabinet de V. M. La reine regardait le bon père, et croyait qu'il était devenu fou. — Eh bien, dit-elle, montrez-nous donc ce qu'il y a de si surprenant ?— Madame, vous voyez monseigneur le Dauphin?— Oui je le vois. — Eh bien, madame, le neveu de M. de Louvigny est trait pour trait le portrait de monseigneur. — Cela en effet est singulier.

A cet instant, madame de Chevreuse entra chez la reine ; elle l'appela, et lui dit : vous avez été quelquefois à Louvigny, madame de Chevreuse?— Oui, madame, et vous n'avez pas été frappée, comme le bon père, de la ressemblance du neveu du marquis de Louvigny avec mon fils? Madame de Chevreuse pâlit et devint tremblante. — Moi, madame, je n'y ai pas pris garde.— Cependant, madame, c'est incroyable : mêmes yeux, même teint, même taille, même âge; enfin quand j'ai vu monseigneur auprès de S. M. j'ai cru vraiment que c'était Ferdinand, et la seule chose qui m'a fait concevoir que ce n'était pas lui, c'est le cordon bleu que Ferdinand n'a pas. — C'est en effet extraordinaire, dit la reine. Madame de Chevreuse tira le moine à l'écart, comme pour s'informer des affaires d'Espagne, mais dans le fait pour lui défendre de parler à qui que ce soit de cette ressemblance. — Gardez-en le secret, mon révérend père, si la vie vous est chère. Le père effrayé ne demanda aucune explication, s'approcha de la reine, à qui il avait remis ses dépêches, pour lui demander ses ordres. — Je vous reverrai, mon révérend père; mais ce ne sera pas ici; vous vous concerterez pour le jour, le lieu et l'heure, avec la duchesse de Chevreuse. Le moine se retira tout inquiet des suites de son indiscrétion et regrettant bien d'avoir parlé; il sortit et se rendit dans son couvent rue Saint-Honoré, pour y attendre les ordres de la reine. Peu après que le franciscain fut sorti de la chambre de cette princesse, M. et Mme. de Louvigny, qui, depuis huit jours avaient quitté leur terre, entrèrent pour faire leur cour. S. M. appela Cécile, et lui dit : on vient de me conter une histoire bien plaisante : un moine espagnol m'a été adressé par le roi d'Espagne, et cet homme qui a l'air du meilleur être possible, a fait en entrant un mouvement de surprise qui m'a frappée; je lui en ai demandé le sujet, et la reine rendit à madame de Louvigny mot pour mot ce qu'avait dit l'Espagnol. Celle-ci se troubla, répondit par des lieux communs, que souvent il y avait des ressemblances fort bizarres, cita assez gauchement le faux Démétrius, Martin-Guerre. Tout cela est fort bien, dit la reine, mais cela a donné lieu et matière à des guerres ou à des procès. — Enfin, quel est cet enfant? — C'est le fils de mon beau-frère. — Il n'est pas marié. — Voilà pourquoi nous élevons secrètement cet enfant. La reine appela le chevalier qui ne fut pas moins embarrassé que sa belle-sœur, et fort inquiet, quand la reine lui dit : Faites venir votre fils, je veux le voir. Je veux vérifier cette ressemblance, cela est plus important que vous ne le pensez, et il est juste de l'âge de mon fils? — A quelques jours près, ma belle-sœur l'a reçu des mains de sa mère, qui était mourante et dont il importait de ménager la réputation et il l'a conduit à Louvigny, où il a été baptisé sous mon nom, mère inconnue; du reste le sang de sa mère qui est morte deux jours après la naissance de Ferdinand, est illustre. — Mais vous étiez absent? — Oui, madame, mais avant de partir j'avais appris à mon frère ce fatal secret et lui avais recommandé celle que mon imprudence avait mise dans une si fâcheuse position. J'ai eu le malheur de la perdre, et grâce aux tendres soins de madame de Louvigny, cette charmante et malheureuse femme est descendue dans la tombe en conservant l'estime de toute sa famille qui ne se doute de rien. — C'est fort heureux, dit la reine; mais vous n'en êtes pas moins cause de sa mort. Le chevalier mit sa main sur ses yeux comme pour cacher ses larmes. — Votre sensibilité vous fait honneur : mais je veux voir votre enfant qui paraît être le Sosie du mien. — Dès que S. M. l'ordonnera je le ferai venir : j'observerai cependant, madame, qu'il vient d'avoir une coqueluche, que la saison est très-rigoureuse, et qu'il y a plus de soixante lieues d'ici à Louvigny, et si V. M. le permettait on attendrait le printemps pour le faire venir. — J'y consens, et M. et madame de Louvigny admirèrent la présence d'esprit de leur frère, qui au moins avait retardé ce dangereux voyage; mais il n'en était pas moins malheureux qu'on eût parlé de cette funeste ressemblance. Si elle est connue du cardinal, le pauvre enfant sera perdu, surtout sa véritable existence étant ignorée de la reine. On convint qu'il était essentiel de se concerter avec la duchesse de Chevreuse, pour voir quel parti l'on prendrait. Madame de Louvigny chercha la duchesse, qui de son côté désirait lui parler, étant très-aise qu'enfin l'exécution de son projet se trouvât rapprochée par l'indiscrétion du bon père. La duchesse, toujours dissimulée à son ordinaire, parut sensiblement affligée que l'on eût parlé de la ressemblance, tandis qu'elle en était enchantée. Elle savait par ses propres yeux qu'il était impossible d'en voir une plus extraordinaire; car elle avait fait, comme nous l'avons dit, plusieurs voyages à Louvigny, afin de s'assurer de l'état de l'enfant sur lequel elle fondait de grandes espérances, et elle avait vu avec une maligne joie que plus il croissait, plus la ressemblance devenait frappante, et elle comptait bien s'en servir pour mettre le cardinal dans le plus grand embarras; mais il fallait pour cela gagner du temps, car un enfant, avant dix à douze ans, est un être si frêle qu'il y a peu de gens qui veulent risquer de former un parti en sa faveur.

Madame de Chevreuse cachait donc avec soin ses projets, et ne parut occupée que du désir de mettre le pauvre Ferdinand à l'abri de la politique du cardinal. Elle proposa de lui faire quitter Louvigny, et de le conduire dans les montagnes des Cevennes; de le mettre sous la protection du parti protestant. Messieurs de Louvigny rejetèrent ce projet par attachement à l'état, qu'ils ne voulaient point troubler; madame de Louvigny, par tendresse pour l'enfant. Madame de Chevreuse dit alors qu'elle ne connaissait qu'un moyen, c'était de confier le tout à la reine, qui trouverait bien la possibilité de protéger son fils contre les intrigues du cardinal, et saurait lui assurer un sort brillant, sans nuire aux droits de son frère; lorsqu'elle sera libre de ses actions, ce qui ne peut être éloigné, car l'Eminence se meurt et le roi n'est pas en beaucoup meilleur état. D'ici là elle aura toujours assez de puissance pour s'opposer au dessein du cardinal. Madame de Chevreuse joignait à la beauté, une éloquence naturelle, beaucoup d'adresse dans l'esprit; elle n'eut pas de peine à persuader les bons Louvigny, qui ne voulaient que le repos de la reine et le bonheur de leur enfant adoptif.

On convint donc que madame de Chevreuse instruirait la reine de tout ce que le cardinal avait exigé à la naissance de Ferdinand; le médecin, la sage-femme, la première femme de chambre vivaient encore; tous attesteraient que rien ne s'était fait que par les ordres du premier ministre, et qu'il n'y a point de doute que si M. et madame de Louvigny ne s'étaient point chargés de ce précieux dépôt, que Son Eminence l'eût peut-être sacrifié à ce qu'il appelait la sûreté de l'état. On convint donc de dévoiler aux yeux de S. M. ce mystère, et ce fut madame de Chevreuse qui s'en chargea.

CHAPITRE VI.

La reine avait été très-frappée de ce que le moine lui avait dit ; cette ressemblance la troublait. D'ailleurs elle avait remarqué qu'au moment où elle en avait parlé, madame de Chevreuse avait pâli, que ses réponses étaient évasives, et de quelqu'un qui paraissait embarrassé ; que M. et madame de Louvigny l'avaient paru encore plus qu'elle, lorsque S. M. leur avait adressé la parole. Le seul chevalier de Louvigny n'avait point été décontenancé. Les explications qu'il avait données étaient assez claires ; malgré cela Anne était inquiète, et quelques souvenirs confus se rappelaient à sa mémoire ; elle avait besoin de s'expliquer avec madame de Chevreuse, et lorsque la duchesse cherchait un prétexte pour obtenir un entretien particulier de la reine, cette princesse la fit demander. Elle s'y rendit non sans quelque trouble, car elle craignait que S. M. ne lui fît des reproches de lui avoir gardé ce secret.

Cependant le désir de nuire au cardinal lui donna du courage; car on sait que c'était Son Eminence qui avait tout fait, et les témoins les moins récusables pouvaient attester la vérité de cette assertion.

La duchesse arrive dans la chambre de la reine : celle-ci se lève, prend madame de Chevreuse par la main et la conduit dans son oratoire. La reine s'assied et fait signe à la duchesse de s'asseoir sur une pile de carreaux qui est près de son fauteuil. Je ne sais pas, dit la reine en regardant fixement Olympe, c'était le nom de baptême de madame de Chevreuse, ce qui s'est passé vingt-quatre heures après mes couches, mais il faut que je vous révèle ce que jusqu'à présent je n'ai voulu dire à personne.

Vous devez vous rappeler que le lendemain de la naissance de monseigneur le Dauphin, une douleur semblable à celle de l'accouchement me causa un si grand effroi, qu'il suspendit tous mes mouvemens sans m'ôter entièrement le sentiment. Ma situation ressemblait à un rêve pénible, on eût dit que je dormais et que je n'avais pas la faculté de me réveiller. Ce qui m'étonnait, c'était de me trouver dans un tel état d'atonie, que je n'avais pas assez de force pour ressentir des douleurs, et que cependant je n'en allais pas moins donner le jour à un second enfant. Mais je me disais, le cardinal est là, il s'en emparera et et je ne le reverrai pas. Cette pensée m'affecta tellement, qu'elle me fit entièrement évanouir. Je ne sais pas combien dura cet état; mais je sais bien qu'en ouvrant les yeux je fus étonnée de moi-même; je ne souffrais plus ; ma faiblesse était si grande que je sentais à peine battre mon cœur. Il me paraissait aussi qu'on m'avait mise d'un lit dans un autre, et cependant je m'éveillais dans le mien. Vous aviez tous l'air embarrassés à l'exception du cardinal ; il y avait pourtant dans sa physionomie quelque chose de plus rusé, de plus caustique encore que de coutume.

Il me parla de mon état comme si j'avais été fort mal ; enfin, rien de tout cela ne me parut naturel, et si vous voulez que je vous dise ce que j'ai pensé dans le temps, c'est que j'étais accouchée d'un second enfant, qu'il était mort ; et que le cardinal, pour éviter toute explication avec le roi, avait défendu qu'on en parlât ; et je me suis tu : mais aujourd'hui, que le hasard me fait savoir qu'il existe chez madame de Louvigny, un enfant de l'âge du mien, et lui ressemblant trait pour trait, je ne puis m'empêcher de penser que cet enfant est le mien ;

mais en même temps, comment imaginer que vous ayez eu la témérité de soustraire ce faible enfant pour lui enlever ses droits, et comment avez-vous pu croire que je me tairais, que je souffrirais tranquillement que mon fils, celui de mon époux, passât le reste de sa vie dans l'obscurité, tandis que son frère jumeau est destiné à monter sur le trône ? non, c'est impossible. Je parlerai au roi dès ce soir, et je vous ferai tous juger. — Non, madame, vous ne vous livrerez pas à votre caractère : que voulez-vous faire ? perdre peut-être votre fils aîné, sans donner un état certain au second. Car qui de nous appuiera vos dénonciations à cet égard ? Aucun de nous n'est assez fou pour livrer sa tête aux bourreaux. La reine ne se contenait pas, et elle était prête à faire le plus grand éclat, quand madame de Chevreuse se jeta à ses genoux. — Eh bien, oui, madame, c'est votre fils qui est élevé à Louvigny. C'est parce que madame de Louvigny s'est chargée de ce précieux dépôt, qu'il existe encore ; le cardinal l'avait condamné. — Quoi ! ce monstre !... — N'eût pas laissé vivre votre enfant, s'il n'avait pas été certain que jamais nous ne trahirions le secret de sa naissance. Nous l'avons religieusement gardé : punissez-nous, madame, de notre zèle, de notre dévouement. Elle lui raconta alors tout ce qui s'était passé à l'instant de la naissance de Ferdinand ; elle ajouta : si vous devenez régente, comme cela est bien à présumer, nous attesterons tous que cet enfant est le vôtre et celui du roi : mais au nom, madame, des intérêts les plus chers, n'empêchez pas, par une précipitation indiscrète, un concours de circonstances qui doit nécessairement arriver, dès que vous tiendrez les rênes du gouvernement. D'ici là, soyez tranquille, votre fils reçoit les plus tendres soins ; et ne pourrait être mieux même sous vos yeux.

—Je vous crois, mais je veux le voir, je veux juger moi-même de cette ressemblance si parfaite. — Elle est miraculeuse; elle viendra à l'appui de nos dépositions. — Mais si les choses se prolongent, si ces témoins si importans venaient à mourir avant le roi et le cardinal? — Cela est impossible, madame; avant deux ans vous serez régente d'un roi de cinq ans. Que de nombre d'années vous jouirez des prérogatives de la royauté, et combien il vous sera facile de donner au cher Ferdinand le rang qui lui convient! Mais ensevelissons ce secret, j'ai recommandé sous peine de la vie au franciscain de se taire. — Eh bien! j'attendrai, mais je veux voir ce cher enfant.

Madame de Chevreuse trouvait bien de la difficulté et du danger à cette entrevue, quand tout-à-coup il lui vint l'idée de mettre le duc de Buckingham dans le secret, et alors elle pensa qu'il prêterait à S. M. ses chevaux, une de ses voitures et ceux de ses gens qui ne sauraient pas le français, ni quelles seraient les femmes qu'ils meneraient. La reine trouva ce moyen excellent. Elle annonça qu'elle ferait une retraite aux Carmelites : elle s'y rendit avec madame de Chevreuse à huit heures du soir; elle en sortit dans une voiture de la duchesse, qui les conduisit jusqu'à Montrouge, où se trouva la voiture du lord. Les relais étaient préparés sur la route, et le lendemain la reine arriva à Louvigny, comme nous l'avons vu, à cinq heures du soir : le retour se fit de même. Les gens, la voiture de madame de Chevreuse l'avaient attendue à Montrouge et la ramenèrent, ainsi que la reine, aux Carmelites, où elle passa vingt-quatre heures pour se reposer et calmer le trouble que lui avait causé la vue de ce cher et malheureux enfant.

Le huitième jour, elle revint au

Louvre, où personne, pas même M. et madame de Louvigny, ne sut que la reine avait été chez eux; car on avait pensé qu'ils s'y opposeraient, dans la crainte du cardinal. Mais au retour, la reine ne put s'empêcher de témoigner au marquis et à sa femme sa vive reconnaissance des soins qu'ils prenaient du jeune prince, dont le sort ne parut plus douteux, à la mort de son père et du cardinal: on fit même un procès-verbal de toutes les circonstances de sa naissance, que l'on fit signer à tous les témoins, excepté au cardinal; car on savait bien qu'il s'y refuserait, et qu'il était capable de faire enlever l'enfant par vengeance, de ce que l'on aurait appris à la reine ce secret sans le consulter. Cet acte fut remis à S. M.; on n'en garda pas de double, dans la crainte qu'il ne tombât dans les mains du cardinal. Anne le plaça dans une cassette de nacre de perles doublée d'or, qui contenait des lettres du roi d'Espagne, et elle la mit sous une croix de vermeil qui était dans son oratoire, où personne n'entrait sans la permission de la reine.

S. M. pressa M. et madame de Louvigny de retourner auprès de son fils; et le marquis prétextant une plantation considérable qu'il voulait faire, dans les premiers jours de mars, prit congé du roi, et de M. de Louvigny, de la reine, qui lui parla de son fils, dans des termes si tendres, qu'elle dut croire que rien ne pouvait faire varier la résolution où elle était de rendre à Ferdinand tous ses droits, dès qu'elle le pourrait sans danger.

Le cardinal dont il fallait aussi prendre les ordres, recommanda à M. de Louvigny d'éloigner de son élève toute idée de grandeur : faites-en un bon gentilhomme campagnard, accoutumez-le de bonne heure à la chasse, à la pêche, qu'il ait des connaissances d'agriculture ; enfin que ce soit un homme simple, pieux, et sans la moindre ambition ; pour lui ôter toute idée d'entrer au service, il faudra le marier très-jeune avec une bourgeoise jolie, bien élevée et dévote ; et sa vie s'écoulera au sein de de l'innocence et de l'obscurité. Ah! mon cher monsieur de Louvigny, si on savait ce que coûte la célébrité, on serait loin de la rechercher. M. de Louvigny assura Son Eminence qu'il suivrait à la lettre ses instructions, et prit congé de lui, bien persuadé qu'il n'aurait pas long-temps à le craindre pour son élève, qu'il se faisait, ainsi que sa femme et son frère, une grande joie de revoir.

CHAPITRE VII.

L'apparition des deux dames masquées avait fait beaucoup de sensation dans le château de Louvigny, et Clémentine ne parlait plus à Ferdinand qu'avec respect ; et les domestiques disaient : comment se fait-il que le fils de M. le chevalier de Louvigny, soit aussi celui d'une princesse ? Car à la magnificence de son train, ils ne doutaient pas que ce ne fût une grande dame, et si cette dame épouse le père de Ferdinand, ce petit bonhomme sera un illustre personnage, et chacun s'occupa de lui plaire, et de mériter qu'il le distinguât et le prît à son service quand on formerait sa maison. Ainsi la flatterie s'approcha de lui et n'aurait pas manqué de le corrompre, si madame de Louvigny ne fût pas venue pour s'y opposer.

Dès qu'elle arriva, Clémentine alla au-devant d'elle tenant Ferdinand par la main, ce qui ne lui arrivait pas avant l'apparition de la reine à Louvigny. Que je suis satisfaite, ma chère Cécile, de vous voir, et que le marquis ait hâté son retour! Ferdinand se jetta dans les bras de sa tante, et lui fit mille caresses: la belle dame, dit-il, qui est venue, est bien aimable, mais j'aime toujours mieux ma bonne tante : voyez le beau médaillon qu'elle m'a donné, elle avait de beaux chevaux, des gens tout galonnés; mais elle pleurait, cela me faisait de la peine. Madame de Chevreuse était avec elle, et elle lui disait: cela ne sera pas long, vous serez bientôt maîtresse de lui faire tout le bien que vous voudrez. — Jamais autant que je le désirerais, et puis elle m'embrassait, je lui baisais les mains qu'elle a bien belles enfin cela m'a paru bien singulier, elle n'a ôté son masque que pour moi, pas même pour ma cousine Clémentine : on dit ici que c'est la reine d'Angleterre. — On se trompe bien, c'est une ancienne amie de madame de Chevreuse, à qui votre père a été assez heureux de rendre un grand service ; et elle a voulu lui en témoigner sa reconnaissance, en venant vous voir. — O ma tante ! elle m'aime beaucoup. — Comme elle aime tous les enfans bien sages ; mais soyez sûre, mon ami, que cette visite ne changera point votre existence ; cette dame n'en a pas le pouvoir ; vous avez dans votre père, votre oncle et moi, les seuls véritables amis que le ciel vous ait laissé. — Moi j'ai cru que c'était ma mère : elle a voulu que l'on mît mon berceau dans sa chambre tout près de son lit, elle m'a appelé son fils. — Je vous donne aussi ce nom, et je ne suis que votre tante. Enfin je vous le répète, mon bon ami, cette visite ne change rien à votre position, et elle serait très-désavantageuse, si elle vous rendait vain, orgueilleux, car alors je ne vous aimerais plus. — Ah! ne me dites pas cela, ma tante, vous me feriez trop de chagrins. Mademoiselle de Louvigny ouvrait de grands yeux et ne pouvait concevoir que sa parente fût aussi peu sensible à l'honneur que cette grande dame avait fait à Ferdinand, et elle voulait entrer dans tous les détails de son séjour à Louvigny. — Je sais tout cela, dit la marquise; madame de Chevreuse m'a tout compté. — Elle m'avait défendu de vous l'écrire. — C'était au moins inutile.

MM. de Louvigny, qui s'étaient arrêtés à Tours, arrivèrent le soir, et ils dirent à Ferdinand les mêmes choses que Cécile; ils s'occupèrent aussi de détruire l'impression que l'arrivée de la reine avait faite dans le château, et que mademoiselle de Louvigny avait augmenté par ses conjectures, au point qu'on appelait Ferdinand monseigneur, et qu'elle le trouvait bon. M. de Louvigny dit que rien n'était aussi ridicule; que son neveu n'était qu'un enfant, et que c'était se moquer de lui, et qu'il avertissait que le premier qui se servirait de cette expression, en parlant à Ferdinand, serait chassé aussitôt, et c'était un nouveau sujet d'étonnement pour mademoiselle de Louvigny.

Quand l'enfant fut couché, la cousine vint dans la chambre de Cécile et lui apporta les beaux pendans d'oreilles que lui avait donné la reine; ils valaient au moins douze à quinze mille francs, et elle lui dit: vous ne me ferez pas accroire que celle qui m'a fait un tel présent, n'est pas au moins une princesse du sang, et qu'elle n'est pas la mère de l'enfant. — Je sais qui est cette dame, je ne puis vous la nommer; mais je vous assure qu'elle n'est pas princesse du sang; si j'avais été ici, rien de tout cela ne serait arrivé ; je l'ai dit à madame de Chevreuse, et c'est pour réparer le mal que cette visite a fait que nous sommes venus beaucoup plutôt. Je vous engage, ma cousine, à l'éloigner du souvenir de Ferdinand, car il n'est rien de plus ni de moins qu'avant cette entrevue, et elle peut même avoir pour lui de grands dangers ; le curé apprit aussi que son petit paroissien avait été comblé de caresses par une très-grande dame, et il était venu lui en faire son compliment.

M. de Louvigny alla dès le lendemain matin au presbytère pour ôter aussi au pasteur les idées exagérées de grandeur sur son élève, et donner une explication bien opposée à celle que l'on croyait être naturelle et qui l'était bien en effet. Quelques voisins l'avaient su et en parlèrent à messieurs de Louvigny, qui traitèrent fort légèrement la tendresse maternelle à laquelle on attribuait cette démarche, et on n'en parla plus. Cependant, il faut en convenir, l'imprudence de la reine avait été bien grande, et aurait infailliblement, dès cet instant, perdu son fils, si les importantes affaires qui occupaient alors le cardinal, ne l'eussent pas détourné de toute autre idée.

C'était dans le temps d'une nouvelle conspiration, à la tête de laquelle se trouva Monsieur : il avait été entraîné par les ennemis du cardinal, qui tous protestaient qu'ils n'en voulaient qu'à Son Eminence: Richelieu, déjà sur le bord de la tombe, y resta en quelque sorte suspendu pour avoir le temps de déjouer cette folle entreprise, et après avoir fait offrir à Monsieur son pardon, il eut encore la joie barbare de faire périr sur l'échafaud M. de Cinqmars, grand écuyer, et M. le président de Thou, son beau-frère, dont tout le crime fut de n'avoir pas dénoncé M. de Cinqmars.

Après ces deux exécutions Son Eminonce revint à Paris, dans la situation la plus fâcheuse. La reine se flattait que sa mort qui paraissait prochaine, changerait la face des affaires; mais le premier ministre qui ne voyait qu'avec douleur la puissance souveraine échapper à ses mains défaillantes, chercha le moyen de prolonger son empire au-delà du tombeau. Le pape avait pour nonce (1) à la cour de France, Giulio Mazarino, homme de beaucoup d'esprit, et ayant toute la ruse et la souplesse de sa nation. Ce fut sur lui que le cardinal jeta les yeux pour le remplacer : il en parla au roi, et dès ce moment Richelieu se déchargea sur lui d'une partie de l'administration de son immense ministère. Il lui confia plusieurs secrets importans, entre autres celui de la naissance de Ferdinand, et lui fit sentir tout le danger quel y aurait à le révéler.

---

(1) Titre des ambassadeurs de Sa Sainteté dans les cours de l'Europe.

Tant qu'il ne sera pas question de lui, on peut le laisser en liberté; mais pour peu qu'il y ait la moindre indiscrétion, point de faiblesse, mon cher Jules, la sûreté de l'état avant tout. Tant que je vis, il n'y aura pas à craindre que personne ose en parler; mais moi mort, redoutez madame de Chevreuse; elle est capable de tout révéler à la reine. C'est alors, monsieur, qu'il faudra faire sentir à cette princesse tout ce qu'elle aurait à craindre en voulant tirer de l'obscurité, un être qu'elle a mille moyens de rendre heureux en l'y laissant; et si, malgré tout ce que vous pourrez lui dire, elle persistait à vouloir le reconnaître, ne balancez pas un instant, et que l'enfant soit la victime de l'indiscrète tendresse de la mère. M. de Mazarin trouva que faire périr un enfant que le cardinal avouait être celui du roi et de la reine, c'était un crime horrible, et il se flatta, sans en convenir avec le cardinal, qu'il ne serait jamais forcé à se porter à une pareille extrémité.

Madame de Chevreuse, d'un autre côté, excitait la reine à ne point abandonner son fils. Cette princesse paraissait décidée, aussitôt qu'elle serait libre, de réparer envers lui les injustices de Son Eminence. M. et madame de Louvigny attendirent ainsi que toute la France, la mort de ce cruel despote; et sans avoir la prétention de voir Ferdinand à la cour, il leur semblait que le cardinal étant mort, rien ne pourrait troubler la paisible existence de leur fils adoptif.

Les hommes ont de bien faibles notions de l'avenir. La mort du cardinal de Richelieu ne changea rien au sort de Ferdinand. Ce ministre descendit dans la tombe ouverte depuis long-temps sous ses pieds; cet homme que toute la France abhorrait, qui avait été sans cesse environné de complots, mourut tranquillement dans son lit, n'ayant eu d'autre punition de ses crimes, que de voir avec quelle profonde indifférence le roi le regardait mourir. Le monarque n'était venu dans la chambre du cardinal, au moment où il était au plus mal, que pour se faire donner les clefs de ses coffres, et faire poser des sentinelles à ses portes, pour que l'on ne pût distraire aucuns des objets précieux que renfermait son palais.

Le cardinal mourut en 1642, dans la cinquante-huitième année de son âge; il s'était peint ainsi lui-même: « Je n'ose rien entreprendre sans y » avoir bien pensé; mais quand une » fois j'ai pris ma résolution, je vais » à mon but, je renverse tout, je fran- » chis tout, et ensuite je couvre tout » de ma soutane rouge ».

« Cependant cet homme si puissant » était, dit Voltaire, le plus malheu- » reux des rois, parce qu'il était le » plus haï, et qu'avec une mauvaise » santé, il avait à soutenir de ses mains » teintes de sang un fardeau im-

» mense. » Une de ses plus grandes difficultés était de gouverner le roi le plus jaloux de son pouvoir, et si ce qu'on rapporte est vrai, ce serait la preuve que ce génie si fier savait ployer quand il était nécessaire.

Un jour que le cardinal sortait de l'appartement du roi, Louis XIII qui le suivait, crut s'apercevoir qu'on lui rendait à lui-même beaucoup moins de respect qu'à son ministre : celui-ci ignorait que le roi le suivit ; mais voyant avancer quelques pages, il se range, afin de laisser passer S. M. Le roi s'arrête, et lui dit : « Passez, pas» sez, monsieur le cardinal, n'êtes» vous pas le maître? » Richelieu prend aussitôt un flambeau des mains d'un page, et marche devant le roi, en lui disant : « Sire, je ne puis passer » devant V. M., qu'en faisant la fonc» tion du plus humble de ses servi» teurs ».

Madame de Chevreuse envoya un courrier à madame de Louvigny, pour lui apprendre que le cardinal était mort, et lui dire en même temps, que la reine s'occupait de leur élève. Elle leur apprenait aussi que M. de Mazarin avait le chapeau qui se trouvait vacant par la mort de M. de Richelieu, et qu'il le remplaçait au ministère : je ne sais, dit madame de Louvigny, il me semble que nous n'y gagnons pas : il sera peut-être moins cruel que son prédécesseur ; mais des mesures secrètes remplaceront les exécutions publiques. On savait si Richelieu était votre ennemi, on pouvait s'en garantir ; mais avec M. de Mazarin vous serez perdu sans ressources, avant que vous ayez démêlé s'il vous aime, ou vous hait. Le pressentiment de Cécile ne s'est que trop réalisé pour le fils de sa souveraine.

CHAPITRE VIII.

Monsieur de Louvigny crut que, pour les intérêts de son élève, il devait se rendre au Louvre, pour voir la reine et s'assurer des dispositions du nouveau ministre. Il fut reçu par l'un et par l'autre, avec les témoignages de la plus haute estime. La reine dit au marquis que le cardinal Mazarin avait été instruit par Richelieu de l'existence du jeune prince; que M. de Louvigny pouvait lui en parler, et qu'il le trouverait dans les dispositions les plus favorables.

En effet, le prétendu oncle de Ferdinand étant admis à une audience particulière du premier ministre, celui-ci parut tout occupé de procurer au jeune prince l'existence la plus heureuse ; mais, ajouta-t-il, il faut, tant que le roi vivra, ne rien changer à l'état présumé du royal enfant. Je serais même d'avis qu'il faut éloigner tous les soupçons que sa parfaite ressemblance avec son frère peut faire naître, car si elle vient à la connaissance du monarque, elle nous embarrassera beaucoup. Il faudrait donc qu'on changeât son costume, et que vous le fassiez tonsurer.—A quoi bon, monseigneur ? le roi a si peu de temps à vivre. — En peu de temps on peut faire beaucoup de mal. Enfin j'en ai parlé à la reine, qui approuve cette idée, et l'avait déjà eue. Cela ne nuit en rien pour l'avenir, et est un moyen de nous mettre en sûreté pour le présent.

M. de Louvigny augura mal de ce début. Il croyait voir, au travers des protestations d'intérêt que donnait le cardinal pour le jeune prince, une volonté marquée de l'éloigner des marches du trône. Cependant il se contint, et en sortant de l'audience de Son Éminence, il se rendit chez la reine; il ne put s'empêcher de montrer à S. M. son étonnement de de ce projet. Est-ce donc dans un séminaire que ce jeune prince prendra les sentimens qui conviennent à un fils de France, et lorsqu'il aura été pendant plusieurs années affublé d'une soutane et d'un camail, comment le ramener aux grâces nobles et faciles que doit avoir un fils de roi, et qui ne s'acquièrent que par des exercices, tels que la danse, le cheval et les armes, tous talens opposés à l'État qu'il est censé vouloir embrasser? Nous le mettrons aux jésuites, dit la reine, et tout se conciliera. Enfin, mon cher Louvigny, telle est ma volonté; disposez Cécile à cette séparation; je conçois qu'elle sera douloureuse, car l'enfant est charmant. Le marquis fut frappé que la reine n'appelait pas Ferdinand son fils, comme elle l'avait fait jusques

là ; mais il n'osa insister : il prit congé de S. M. et avant de partir, il vit le roi qui était mourant, et il assista au baptême de monseigneur le Dauphin. Ce fut le cardinal Mazarin qui fut son parrain, et madame la princesse de Condé, sa marraine. Après la cérémonie, M. de Louvigny était auprès du roi, quand on annonça M. le Dauphin ; le jeune prince s'avança vers le roi, et lui dit qu'il venait d'être baptisé. « J'en suis bien
» aise, mon fils, et comment vous ap-
» pellez-vous à présent ?

«...Je m'appelle Louis XIV, papa.
» —Pas encore, mon fils, reprend
» le roi, pas encore ; mais ce sera
» peut-être bientôt, si c'est la volonté
» de Dieu. »

M. de Louvigny se disposait à retourner chez lui, le cœur navré de douleur, non comme nous l'avons dit de ce qu'on ne fit pas roi son élève ; il ne le désirait point ; mais parce qu'il entrevoyait qu'on le persécuterait, pour cacher l'injustice qu'on lui faisait. Il n'avait pu voir madame de Chevreuse qui était en Angleterre, pour concerter avec Buckingham les moyens de faire déclarer roi Ferdinand, aussitôt la mort de Louis XIII, en le mettant à la tête d'un parti qui se composait de mécontens, dont le nombre était grand; car les amis de la reine avaient été étonnés de voir que cette princesse, depuis la mort du cardinal, paraissait donner toute sa confiance au nouveau ministre. Madame de Chevreuse voulait se servir de la ressemblance des deux frères, pour dire qu'après leur naissance on avait confondu l'un avec l'autre; mais que la duchesse avait fait une marque pour assurer que Ferdinand était l'aîné. Elle n'avait parlé au lord du procès-verbal, et se faisait forte d'enlever la cassette où il était renfermé; enfin l'imagination bouillante d'Olympe, lui faisait penser que tout s'arrangerait au gré de ses désirs.

Buckingham qui était aussi hardi en politique que présomptueux en amour entra avidement dans les desseins de la duchesse et il allait passer en France pour les mettre à exécution, lorsqu'il fut assassiné au moment où il se rendait au vaisseau prêt à mettre à la voile. Sa mort, qui précéda de peu celle du cardinal, et dont quelques historiens accusent ce dernier, déconcerta tout le plan de la conjuration, et causa une profonde douleur à madame de Chevreuse; elle tomba malade de chagrin, et fut contrainte de rester quelques mois en Angleterre, ce qui empêcha qu'elle ne vît M. de Louvigny avant la mort du roi. Le marquis ne resta pas à la cour jusqu'à la fin des jours du monarque et retourna chez lui, attendre ce triste événement, dont il n'espérait aucune amélioration pour le jeune prince, d'après la disposition où il avait trouvé la mère et le premier ministre.

M. de Louvigny fit part à sa compagne, de tout ce qu'il avait vu au Louvre, et ils confondirent leurs larmes sur le sort de leur cher Ferdinand. Celle-ci montra à son mari une lettre de madame de Chevreuse, qui avait précédé la mort du lord. Elle était imprudente, comme toutes les actions de la duchesse. Elle y disait clairement, que l'on fût prêt à remettre l'enfant dans les mains de celui qui viendrait le chercher de la part de M. de Buckingham, si M. de Louvigny ne voulait pas le conduire à ce puissant protecteur, dont il serait reçu et employé, suivant ce qui était dû à leur mérite, et à la reconnaissance que Ferdinand leur devait. Il était très-visible que la lettre avait été décachetée ; mais il est à présumer que M. de Mazarin, qui était déjà associé au ministère, eut seul connaissance de cette conjuration, et n'en fit point part au moribond, qui eût fait périr l'enfant avant de mourir. L'Italien, au contraire, laissa avorter de lui-même ce complot, et seulement prit des mesures, pour qu'un autre n'eût pas lieu.

Fort peu de temps après le retour de M. de Louvigny, on vit arriver au château un ecclésiastique dans une chaise de poste, avec un courrier à la livrée de M. le cardinal. Cette vue fit une grande frayeur à M. de Louvigny; en effet l'abbé était porteur d'une lettre du premier ministre, qui enjoignait à M. de Louvigny de remettre son neveu, à qui le roi venait d'accorder le prieuré de Saint-Martin, au porteur de la lettre, pour qu'il fût conduit et élevé aux jésuites de Bordeaux, et y reçût successivement les ordres sacrés; que lui marquis de Louvigny, serait chargé de percevoir et d'employer pour les intérêts de son neveu, le revenu de ce riche bénéfice (1). Le marquis fit part à son frère et à sa femme de ce message : on s'affligea ; mais comment s'opposer à des ordres si formels, et accompagnés d'un don aussi considérable ?

La plus grande difficulté fut de faire consentir l'enfant à cette séparation. Il jetta les hauts cris ; madame de Louvigny s'évanouit, mais l'envoyé du cardinal fut inflexible. Il ne donna que le temps de faire mettre dans une malle, le linge et les livres de Ferdinand : quant à ses habits, il dit qu'il n'en avait pas besoin d'autres que ceux qu'il portait ; et aussitôt que les chevaux eurent mangé l'avoine, l'abbé qui était très grand et très-fort prit le petit prince

―――――――――――

(1) A la révolution, il valait 80,000 fr. de rente ; c'était un enfant naturel de Louis XV qui le possédait. Ces riches bénéfices étaient presque toujours la dotation des princes légitimes ou simplement reconnus.

dans ses bras. Celui-ci lui donnait des coups de pied, l'égratignait; il ne l'emportait pas moins, sans faire nulle attention, ni à la colère du petit prince, ni à la douleur de tout ce qui le voyait partir. Il le plaça de force dans la voiture, se mit à côté de lui, ordonna que l'on fermât la portière; comme Ferdinand continuait à crier, et à lui faire tout le mal qu'il pouvait, l'abbé, quand il fut hors du village de Louvigny, fit arrêter la voiture, appela son valet, et à eux deux il bâillonnèrent ce pauvre enfant, lui attachèrent les mains et les jambes, et le réduisirent à la plus terrible contrainte qu'on pût imaginer. Hélas! ce n'était que le prélude des maux où la faiblesse de sa mère l'exposa.

Ferdinand avait reçu de la nature une âme fière, courageuse, et un esprit juste : il réfléchit qu'il ne s'était attiré ce mauvais traitement que parce qu'il avait injurié et battu cet abbé, qui, étant bien plus fort que lui, lui ferait tout le mal qu'il voudrait, sans que lui eût le moindre moyen de se venger; il cessa donc de pousser aucun cri et de donner la moindre marque d'emportement. L'abbé lui parla alors avec douceur, et l'assura qu'il en avait infiniment coûté à son cœur, d'avoir été forcé d'employer contre lui de tels moyens; mais que s'il lui promettait d'être doux et tranquille, à la première poste, il lui rendrait la parole. Le prince le promit, et en effet, au relais on lui ôta son baillon, les cordons de soie dont il était garroté, et on lui offrit des rafraîchissemens : il dit qu'il n'avait pas faim. Le reste de la journée se passa tranquillement. L'abbé lui faisait sentir combien il devait avoir de reconnaissance des bontés du roi, qui lui donnait presqu'au berceau, un des plus beaux bénéfices de France, et qui sûrement le ferait un jour cardinal. — Ah! mon Dieu, non, répondit l'enfant, ils sont trop méchans. Je veux seulement être lieutenant-général des armées du roi, comme mon oncle, ou vice-amiral, comme mon père. — Il vaut bien mieux être un riche bénéficier. — Qu'est-ce que c'est que cela? — C'est être abbé de grosses abbayes. — Abbé comme vous ! avoir un vilaine jaquette noire, et des cheveux courts et plats. Ah! mon Dieu non, je veux un baudrier, une épée, une carabine. — On se fait tuer. — Pas toujours; mais même en mourant on obtient de la gloire, à ce que m'ont dit mon oncle et mon père: mais vous, à quoi êtes-vous bons? — Vous êtes élevé, mon enfant, dans des principes erronnés; il y a long-temps qu'on soupçonne M. Louvigny d'être huguenot dans le cœur; mais nos bons pères auront bientôt réformé en vous ces germes d'erreur et d'insubordination à l'église romaine. L'enfant ne répliqua pas, le baillon était là, et les cordons de soie.

On arrive dans une petite bourgade pour coucher; on soupe assez tristement. Ferdinand avait le cœur bien gros; il regrettait ses parens, surtout madame de Louvigny; il pensait à madame de Chevreuse, à la belle dame; enfin il mangea et se hâta de se coucher, pour ne plus voir ce grand abbé dont la figure attrabilaire lui déplaisait mortellement.

Le lendemain, on le réveille avant le jour, et à peine est-il sur ses jambes, que le valet s'approche de lui avec de grands ciseaux. — Que voulez-vous? — Vous couper les cheveux. — A moi! — A vous-même. — Et pourquoi, s'il vous plait? — Parce qu'un abbé n'a pas besoin de longs cheveux. — Je ne veux pas qu'on me coupe les cheveux, et je ne veux pas être abbé. — Vous ne voulez pas! vous ne voulez pas! dit l'ecclésiastique; retranchez ce mot de vos tablettes. — Adrien, liez-le, et exécutez les ordres de M. le cardinal. Ferdinand résista encore; on lui attacha les mains derrière le dos: on le lia sur une chaise, et la fatale opération s'accomplit. On ôta à cette tête un de ses plus charmans ornemens; sa belle chevelure blonde, que la nature avait bouclée et qui retombait ainsi que celle de son frère, avec tant de grâce sur ses épaules, fut livrée aux ciseaux; ils n'en laissèrent qu'une petite portion, qui à peine lui couvrait la nuque, puis on lui rasa les sourcils; et on lui frotta le visage avec une eau jaunâtre, qui ôta à son teint tout son éclat, et détruisit autant que possible, sa ressemblance avec le Dauphin. Puis on détacha de son col le médaillon que la reine lui avait donné. Il cria à l'injustice. On lui dit que c'était pour empêcher que ses compagnons ne le prissent en jouant avec lui. Il voulut élever la voix, on lui montra le bâillon; il se tut: mais il recommença ses plaintes, quand, au lieu d'un joli pourpoint de velours bleu céleste, avec des broderies d'or, qu'il portait, on lui passa la triste soutane de serge noire, et le petit collet; il voulait tout déchirer; on lui déclara que s'il faisait la moindre insulte à l'habit ecclésiastique, qu'il serait déclaré indigne de le porter, qu'on le revêtirait d'un sarrau de toile bleue, et qu'il serait conduit à l'hôpital. Il fallut bien encore se taire; on lui apporta du chocolat à déjeuner, il le prit; n'ouvrit pas la bouche tout le temps du voyage, qui enfin se termina dans la maison des Jésuites de Bordeaux, où son conducteur le remit, de la part du cardinal de Mazarin, comme fils de M. le marquis de Louvigny, et dès qu'on lui eût signé le reçu de l'enfant, il remonta en voiture et il reprit le chemin de Paris.

CHAPITRE IX.

Notre cher Ferdinand avait une figure si originale, grâce aux soins de ses conducteurs, qu'au moment qu'il entra dans la grande cour du collége, où se trouvaient tous les écoliers, parce que c'était à l'heure de la récréation, les plus jeunes s'enfuirent, le prenant pour un diablotin, que Satan avait envoyé parmi eux, pour les mettre à mal. Les plus grands l'entourèrent, et le regardaient comme un animal curieux, tous criaient : *Oh! qu'il est laid! oh! qu'il est laid!* Qu'on juge ce que devait penser notre pauvre enfant, lui, qui, depuis qu'il avait pu savoir la valeur des mots, n'avait toujours entendu dire autour de lui, que des paroles flatteuses : *le bel enfant, le joli enfant, qu'il est gentil, qu'il est aimable!* Il éprouva un si grand chagrin de cet insultant accueil, qu'il se mit à pleurer ; alors ses camarades se moquèrent de lui, le montrèrent au doigt, et firent de grands éclats de rire. Les petits qui entendirent qu'on riait du diable, n'en eurent plus si peur, revinrent sur leurs pas, se joignirent avec les grands, et comme eux huèrent le pauvre Ferdinand.

Celui-ci, rendu par tant d'outrages à son caractère fier et emporté, se jeta sur un plus fort que lui, le prit au collet, le terrassa malgré les efforts de l'autre, qui inutilement appelait ses camarades à son secours ; car, dès que ceux-ci virent avec quelle adresse et quelle force, le nouveau venu s'était rendu maître d'un enfant ayant au moins deux ans plus que lui, sentirent naître en eux, pour leur nouveau camarade, un véritable intérêt. On se rangea donc encore une fois autour de Ferdinand, mais cette fois ce n'était pas pour se moquer de lui, mais bien pour applaudir à son courage. Chaque coup qu'il donnait à son adversaire il s'élevait de tous côtés des applaudissemens et des battemens de mains, qui enfin attirèrent le préfet(1), qui ne vit pas non plus sans étonnement cette toute petite figure habillée de noir et dont le visage brûlé lui donnait l'air d'un Saint Xavier en miniature.

Lorsque Neptune armé de son trident se montre aux flots en fureur, ils se calment aussitôt; de même tous les écoliers, à la vue du préfet, se dispersent et laissent Ferdinand répondre seul au préfet. Mais celui-ci ne lâche pas son adversaire, et un genou sur sa poitrine, tenant ses deux bras il s'explique ainsi : On m'a amené ici par l'ordre du

---

(1) Les préfets, dans les colléges tenus par des religieux, étaient ce que sont les maîtres de quartiers pour l'Université.

roi, qui, je ne sais pas pourquoi, veut que je sois un gros bénéficier; et pour cela me met au collége. M'y voilà, et vos élèves se mocquent de moi, me disant que je suis laid, quoique ma tante, madame la marquise de Louvigny, madame la duchesse de Chevreuse, et puis une beaucoup plus grande dame, m'aient toujours dit que j'étais un fort joli petit garçon : est-ce ma faute si on m'a rasé les sourcils, coupé les cheveux et barbouillé le visage avec une eau brune, qui m'a rendu presque noir? Je ne pouvais me battre avec tous vos écoliers : mais au moins celui-ci leur dira, qu'on ne se moque pas impunément de Ferdinand de Louvigny.

Le jésuite, qui, pendant ce discours avait cependant fait lâcher prise au vainqueur, ne put s'empêcher de trouver dans les gestes et les manières de s'exprimer de Ferdinand, quelque chose de si noble et de si fier, qu'il en fut enchanté, et n'avait nulle envie de le punir. Il se contenta de lui dire qu'il ne fallait pas se faire justice soi-même; que s'il s'était plaint, on lui eût donné toute satisfaction. — Je ne connaissais personne, à qui vouliez-vous que je me plaignisse? d'ailleurs, mon père et mon oncle m'ont dit que l'on ne devait jamais remettre à qui que ce soit, le soin de se venger. — Mon enfant, ceci est une maxime du monde, et l'habit que l'on vous fait porter doit vous faire suivre d'autres principes. — Je n'en aurai jamais d'autres que ceux de messieurs de Louvigny. — J'espère bien qu'il n'en sera rien, mon enfant, et que vous apprendrez de notre divin maître, à être doux et humble de cœur. — L'humilité, n'est, dit papa, que pour les capucins : quant à la douceur, j'en aurai toujours quand on ne m'insultera pas. — O mon fils, vous avez un orgueil qui vous fera bien du mal. — Je n'ai point d'orgueil, monsieur, car mon oncle dit toujours qu'il n'y a que les sots qui en ont. — Et vous vous croyez de l'esprit ? — Mais ma tante et madame de Chevreuse le disaient. — Nous verrons cela quand vous serez en classe, car l'esprit ne consiste pas dans le babil, mais dans l'intelligence et la capacité. En attendant, venez chez le père directeur à qui il faut que vous soyez présenté.

Ferdinand suivit le préfet qui l'examinait et voyait avec étonnement qu'on se fût fait un plaisir de gâter une figure qui était faite pour être charmante, et pourquoi si jeune avoir donné à Ferdinand l'habit ecclésiastique. Il espérait en apprendre quelque chose en le conduisant chez le directeur, et au grand regret du préfet, dès que le Révérend Père vit Ferdinand, dont il connaissait en partie la mystérieuse existence, il fit signe à son confrère de se retirer, celui-ci obéit, et laissa Ferdinand seul dans le cabinet du directeur, qui se nommait le père Saint-Armand. C'était le frère d'un capitaine de vaisseau qui avait servi sous les ordres de M. le chevalier de Louvigny, pour qui il avait une haute estime; il en avait souvent parlé à son frère, qui s'en souvint aussitôt qu'on lui eut fait dire, par un agent du cardinal, que l'enfant qu'on lui envoyait était fils du chevalier de Louvigny, et d'une très-grande dame, dont la famille s'opposait au mariage et à la reconnaissance de l'enfant ; mais que cette dame et M. le cardinal voulaient néanmoins qu'il fût élevé avec grand soin, de manière à ce qu'il fît un chemin honorable dans la carrière ecclésiastique, et que, pour commencer, le roi lui avait donné le prieuré de Saint-Martin ; mais que surtout, il fallait continuer à tout employer pour détruire, autant que possible, la ressemblance avec la mère, parce que si les parens acquéraient, de cette manière, la conviction de la naissance de

Ferdinand, ils le feraient enlever, et qu'on ne savait pas à quel point de rage ils se porteraient. Tout cela avait paru très-vraisemblable au père Saint-Armand, et il voulait juger jusqu'à quel point cet enfant était susceptible de comprendre les raisons qu'on avait de rendre son existence systématique.

Ce jésuite était doué de la plus belle physionomie : la douceur et la sensibilité régnaient dans ses grands yeux bleus, qui conservaient, quoiqu'il eût plus de soixante ans, le feu de la jeunesse ; son teint en avait encore la fraîcheur, et on ne s'apercevait du nombre de ses années qu'à sa belle chevelure blanche, à sa marche assez lente, et à ce qu'il était un peu voûté. Le son de sa voix était sonore et gracieux ; son esprit poli et cultivé ; il avait le meilleur cœur que l'on pût rencontrer : tel était le père Saint-Armand, à qui la Providence confiait l'éducation de Ferdinand, et qui ne lui donnait un tel maître que pour qu'il lui fît acquérir, par la seule voie de la persuasion, les vertus qui lui furent si nécessaires pour supporter les maux dont il fut accablé par la suite.

Ferdinand se tenait debout non loin de la porte, et n'approchait pas. — Venez, mon cher enfant, dit M. de Saint-Armand, venez faire connaissance avec moi; je veux être votre ami, et remplacer, autant qu'il sera en moi les dignes et aimables parens dont vous êtes séparé. — Jamais, mon révérend père; qui me rendra les soins, les caresses de ma tante, les leçons de mon père et de mon oncle ? Cependant les manières gracieuses dont le jésuite le recevait, lui donna la confince d'approcher de lui: — Prenez une chaise, mon petit ami, et causons. Ferdinand fit ce qu'on lui disait. M. de Saint-Armand lui plaisait, il ne se trouvait pas embarrassé avec lui; il lui semblait qu'il l'avait toujours connu. Il l'écouta attentivement, et le jésuite en augura bien. Un enfant susceptible d'écouter ne sera jamais un sujet médiocre, car alors il comprend. Mon cher fils (laissez-moi vous donner ce nom, j'aurai pour vous la tendresse d'un père); mon cher fils, vous êtes celui d'un homme pour qui j'ai une grande estime, sans le connaître; mais mon frère en fait un cas infini, et je m'honore de le remplacer auprès de vous. Vous recevrez ici les mêmes leçons que vous donnaient M. votre père et M. votre oncle; vous y joindrez l'émulation, seul bien peut-être que l'on trouve dans l'éducation publique, mais qui ne peut jamais être compensé par aucun autre avantage de l'éducation particulière. Quant aux tendres caresses de madame votre tante, sûrement, mon cher petit ami, vous ne les trouverez pas ici, et je vous observerai qu'il était temps que vous en fussiez sevré, si je puis me servir de cette expression. Achille ne resta pas à la cour de Lycomède. Les femmes à qui la Providence a confié les premières années de notre vie, leur a donné une tendresse qui dégénère quelquefois en faiblesse; et on remarque que les jeunes gens qui ne les ont pas quittées, sont peu propres à de grands emplois ; ils contractent des manières efféminées qui altèrent leur caractère primitif. On a donc devancé de fort peu de temps celui, mon cher Ferdinand, où vous auriez été forcé de quitter votre aimable tante. Il vous faut une éducasion plus mâle, qui ne sera cependant point sans douceur : vous aurez des camarades qui vous aimeront ; vos maîtres, si vous répondez à leurs soins, s'attacheront à vous; et moi, je veux que vous me regardiez comme votre meilleur ami, que vous me parliez avec la plus grande confiance : je partagerai vos plaisirs, je me ferai une occupation constante d'adoucir vos peines, quand je ne pourrai pas en détruire la cause. Dites-moi, cher enfant, qu'est-ce qui vous chagrine dans ce moment? — Tout, mon père, excepté cependant d'être avec vous, parce que vous me paraissez presque aussi bon que mon père et mon oncle; mais si vous voulez que je vous parle franchement, d'abord (en montrant sa soutane) voilà une vilaine jupe noire que je déteste; c'est là ce qui donne des manières efféminées. — Non, mon ami, non : il y a eu de tout temps des ecclésiastiques pleins de courage, et dont les écrits, ainsi que les actions, prouvent qu'ils étaient loin d'être des femmelettes: d'ailleurs cet habit est nécessaire à votre sûreté. Ce qu'on a fait et qui vous paraît si barbare, n'a été que pour vous déguiser aux yeux des parens de votre mère, qui veulent vous faire mourir. — Moi, je ne les connais point. — Ils vous connaissent, eux, et vous ne pouvez concevoir combien ils sont méchans! Laissez-vous guider, cher et précieux enfant, par vos amis, et ne croyez pas, parce que vous avez une soutane, que l'on vous forcera à vous faire prêtre. — Jamais, non, jamais. — Eh bien, vous avez du temps avant de vous engager. Toutes les études que vous ferez vous serviront dans tout état de cause : le latin, le grec n'empêchent pas d'être un brave officier; et ce n'est pas en expliquant Polybe ou les Commentaires de César qu'on éteint le génie de la guerre. D'ailleurs, mon enfant, tout ce qui est grand, généreux, convient à tous les états. Il en est de même des exercices du corps ; quoique, suivant les apparences, vous soyez destiné à l'état ecclésiastique, comme ce ne serait que dans les hautes fonctions, il vous faut acquérir des grâces corporelles qui n'excluent point celles du ciel. Je vous ferai apprendre à danser, à faire des armes, à monter à cheval, quand vous serez plus grand ; vous aurez un maître de dessin et un de musique : tout cela doit entrer dans l'éducation d'un homme de qualité. Vous écrirez à madame votre tante ; vous irez chez elle la voir pendant les vacances ; vous verrez que vous serez très-heureux.

Ferdinand avait peine à le croire ; mais il était sensible aux bontés du directeur, qui voulait tout-à-fait se concilier son amitié, le fit souper avec lui, et coucher dans un cabinet près de sa chambre ; et au bout de quatre à cinq jours Ferdinand était tout accoutumé au collége, même à sa soutane, et comme on ne lui disait plus qu'il était laid, il oublia bientôt le changement que sa figure avait éprouvé par les tristes précautions de l'agent du cardinal. Il charmait son professeur par son intelligence, son application, et tous ses maîtres lui rendirent la même justice. Laissons-le donc quelque temps sous les aîles du digne Saint-Armand, et revenons à Louvigny.

CHAPITRE X.

Dès que madame de Louvigny se vit privée de son cher élève, elle s'occupa des moyens d'en avoir exactement des nouvelles. Son frère, M. de Liancourt, dont nous avons parlé au commencement de ce récit, avait, aux portes de Bordeaux, une terre dont lui et sa femme ne sortaient presque jamais ; ils s'y occupaient de l'éducation de leur fille unique, qui, comme on sait, avait six mois de plus que Ferdinand. C'était elle que M. et madame de Louvigny destinaient à leur fils adoptif, sans en avoir fait part au comte de Liancourt qui était loin de penser à l'établissement de sa fille, âgée de six ans ; il savait assez imparfaitement les circonstances de la naissance de Ferdinand, fils du beau-frère de sa sœur. Madame de Louvigny lui avait écrit qu'il était très-beau et annonçait d'heureuses dispositions ; mais il n'y mettaient qu'un faible intérêt ; lorsqu'il reçut une lettre de la part de sa sœur, qui lui fut remise par un courrier que le marquis de Louvigny lui envoya ; elle était conçue en ces termes :

Mon chèr frère,

« Des ordres supérieurs m'ont enlevé Ferdinand, fils de mon beau-frère; il est aux jésuites de Bordeaux ; je vous demande en grâce de l'aller voir et de m'en donnner des nouvelles. Je ne doute pas que sa jolie figure et la vivacité de son esprit, et son heureux caraccère ne lui méritent les bonnes grâces de ses instituteurs; mais je désire savoir comment ce précieux enfant peut se passer de mes soins, et des témoigages de notre vive tendresse pour lui. Je n'ose prier ma belle-sœur de me remplacer auprès de lui ; tâchez d'obtenir qu'il vienne chez vous passer ses congés : cela contrarie un plan que j'avais formé, mais l'essentiel pour moi c'est d'être sûre qu'il n'est pas malheureux. Le roi, ou plutôt M. le cardinal, lui a donné le prieuré de Saint-Martin ; mais, qu'est ce que la fortune, sans liberté ni bonheur ?

Tout à vous,

Signé LIANCOURT-LOUVIGNY.

P. S. Ne dites point que je vous ai écrit, et que votre visite au collége soit comme un effet du hasard. Je n'ai pas besoin de vous le dépeindre ; sa beauté et sa ressemblance vous le feront aisément reconnaître.

De la beauté, et de la ressemblance avec son beau-frère, cela me paraît difficile, se disait à lui-même le comte, car le chevalier est le plus brave des hommes, a l'esprit le plus orné, mais il est bien laid : et puis quel si tendre intérêt ma sœur prend-elle à ce petit garçon ? envoyer un courrier comme si la poste n'arrivait pas à Bordeaux ! ma sœur est une excellente femme ; mais, il faut convenir, un peu romanesque. Je ne vois trop quel prétexte prendre pour aller aux jésuites. Ah ! je me rapelle... le chevalier m'a mené chez un de ses camarades, nommé Saint-Armand, capitaine de vaisseau, dont le frère est directeur du collége. J'irai chez le marin, qui m'a parlé de la bibliothèque de cette maison comme d'une fort belle chose, je l'engagerai à m'y conduire, et je verrai ce phénix de beauté et de gentillesse. Il fit part à la comtesse de la lettre ; elle éprouva aussi une grande curiosité de voir ce chef-d'œuvre des cieux. On fit rester le courrier, parce qu'on voulait qu'il reportât la réponse.

Dès le lendemain matin, M. de Liancourt monte à cheval, va à Bordeaux et se rend chez M. de Saint-Armand, qui le reçoit avec toute la cordialité qui distingue les officiers de marine. Il fait servir à déjeuner, et le comte lui parle de son frère le jésuite. — Ah! vous me rappellez qu'il m'a fait dire qu'il a depuis quelque temps, le fils du chevalier de Louvigny, qui est, à ce qu'il dit, un enfant bien extraordinaire, pour l'esprit et la sensibilité. Si vous voulez, nous irons voir mon frère, qui fera venir le petit bonhomme, et vous pourrez en donner des nouvelles à ses parens. Je le veux bien, dit négligemment le comte, et en même temps nous verrons la bibliothèque. — Certainement. — C'est un projet que nous avons fait il y a longtemps, mais vous venez peu à la ville.

Le déjeuner fini, ces messieurs se rendirent au collége ; M. de Saint-Armand demanda son frère, et il alla l'attendre dans sa chambre, où il vint bientôt le joindre avec Ferdinand, qu'il tenait par la main.

M. de Liancourt ne se douta nullement que ce fût le bel enfant, dont sa sœur lui vantait la charmante figure, de sorte qu'il ne pensait nullement à le demander au directeur. Celui-ci, au contraire, qui n'avait amené son petit ami au comte, que pour le lui faire connaître, s'empressa de le lui présenter, en disant de lui les choses les plus avantageuses. Quoi! réellement, reprit M. de Liancourt, c'est là le fils du chevalier de Louvigny. En vérité, je ne m'en serais pas douté, ma sœur me mande que c'est un créature céleste, j'ai cru voir un amour. — Sûrement ma tante me croit encore joli : elle ne sait pas ce qu'ils ont fait pour m'enlaidir, et il le raconta à M. de Liancourt, qui oublia bientôt la figure grotesque de Ferdinand pour ne s'occuper que de la justesse et de la grâce que cet aimable enfant avait dans l'esprit et dans les manières.

M. de Liancourt revint chez lui,

écrivit à sa sœur tout ce qui était arrivé à son élève; qu'il avait été très-malheureux dans la route; qu'à présent il était le plus heureux des élèves du collége. Le comte, après avoir fait repartir son courrier, réfléchit sur la bizarrerie du sort de Ferdinand ; il imagina qu'il tenait de quelque manière que ce fût à la famille royale. Mais ment Louvigny avait-il pu faire une aussi illustre conquête? Il lui connaissait des qualités estimables, mais fort peu de celles qui séduisent une jolie femme. Il retourna deux jours après au collége, s'informa de la santé de l'enfant, de ses progrès, demanda la permission au directeur de le faire venir quelquefois à sa terre. Volontiers, dit le jésuite, moi ou mon frère, nous vous le menerons, et de ce moment, Ferdinand retrouva une famille; car le premier coup-d'œil passé, il était impossible de ne pas le trouver charmant. Madame de Liancourt le prit en amitié, dès l'instant qu'elle le vit, et Félicie, qui d'abord en avait eu peur, s'accoutuma bientôt à lui, et n'était jamais si contente que lorsque le petit abbé venait la voir. Ces nouvelles tranquillisèrent M. et madame de Louvigny, et ils espérèrent qu'à la mort du roi, tout changerait pour le jeune prince. A peine les amis de Ferdinand apprirent-ils qu'on n'attendait plus rien du monarque, qu'il se rendirent à Paris, afin d'être les premiers à voir la régente, et à prendre avec elle les arrangemens nécessaires pour rendre à Ferdinand ses droits.

La première personne qu'ils rencontrèrent à Paris, fut madame de Chevreuse, elle y était arrivée de la veille, et avait aussi le désir de s'emparer des premiers momens de la régente, et d'éloigner le cardinal Mazarin, qu'elle haïssait encore plus que Richelieu : parce que, disait-elle, il fera autant de mal, et jamais autant de bien. En arrivant elle avait envoyé savoir si on attendait M. et madame de Louvigny. A ce moment leurs équipages arrivaient, et elle sut qu'ils avaient couché à Étampes, et qu'ils seraient à Paris pour dîner. Elle vint les attendre ; ils furent très - surpris de la trouver chez eux. Elle se jeta au col de madame de Louvigny, et lui marqua la joie qu'elle avait en pensant qu'enfin Ferdinand serait reconnu. Je le voudrais bien vivement, interrompit madame de Louvigny, mais je ne m'en flatte plus depuis la mort de M. de Buckingham. —C'était un héros, et l'homme le meilleur que j'aie connu ; mais il est beaucoup d'autres hommes en France qui le valent, et je crois que les princes en ménageant leur amour-propre, en leur faisant donner de grands gouvernemens seraient aussi utiles à nos projets, et selon moi beaucoup plus, qu'un étranger. —Il faut, avant tout, voir la reine. — Cela n'avancera à rien. Elle vous promettra et *semblable à l'arc, qui trompe la main qui s'en sert*, elle vous remettra de jour en jour et la majorité arrivera. Dieudonné ne sera pas empressé de céder sa place à son frère, au moment où il aura la puissance ; et ses favoris encore moins, il faut profiter de ce moment où y renoncer. — Eh! croyez vous que ce serait le plus mauvais parti, reprit le marquis, et qu'en aimant réellement Ferdinand, il ne vaudrait pas mieux le laisser enfant de la nature, que de le forcer à monter sur le trône, lorsqu'il n'est pas bien prouvé qu'il soit à lui; son frère y est, il faut autant l'y laisser ; mais qu'on assure à Ferdinand une fortune et un rang indépendant. — Ah! ne savez-vous pas que c'est de notre devoir d'employer tous les moyens, pour conserver à ce prince ses droits; ne l'avons-nous pas signé? Cependant si vous ne voulez pas vous en mêler, retournez dans vos terres, vous ne saurez rien de ce que je veux faire, ainsi vous n'en serez pas responsable. — Je ne dis point cela, madame; et parce qu'à cinquante ans, je ne vais pas aussi vîte qu'une belle et jeune dame, est-ce donc une raison pour renoncer entièrement à un projet que je voudrais seulement mûrir? car en allant si vîte on ne voit pas tous les obstacles et on se perd. — Non, on les renverse. Enfin je veux bien attendre que nous ayons vu la reine. On dit que le roi ne passera pas la journée, le cardinal l'a remis entre les mains de Vincent-de-Paul. Il est bien sûr que celui-là ne cabalera pas. Quel trésor pour un intrigant, quand il peut employer des saints! Il ne craint point d'être traversé dans ses projets : on m'a assurée qu'il voulait, je dis M. Vincent, raccommoder le roi et la reine; mais que S. M. répond toujours: dans l'état où je suis on pardonne, mais on n'oublie pas.

La reine est dans les petits cabinets; elle attend que son époux la demande : elle attendra, je crois, long-temps. Enfin je suis bien aise que vous soyez ici, tout consiste dans les premières démarches; nous les ferons ensemble. Ils lui promirent de ne pas se séparer d'elle, et elle les quitta pour aller au Louvre. M. de Louvigny fit dire à la reine qu'ils étaient à Paris pour attendre ses ordres. On ne put voir que la première femme de chambre, qui dit que la reine ne recevait personne, étant toujours auprès du roi : on savait le contraire; il chercha le cardinal, même réponse. Deux jours se passèrent ainsi. M. de Louvigny profita de l'instant où on apporta les sacremens à S. M. pour entrer dans la chambre avec le cortége. Il vit la reine à genoux au pied du lit du roi, de manière que le prince ne pouvait la voir. Elle avait un mouchoir devant ses yeux, non pour cacher ses larmes, mais pour qu'on ne vît point qu'elle ne pleurait pas. M. de Louvigny s'approcha de S. M., et dit au médecin de la reine assez haut pour qu'Anne pût l'entendre : voilà l'instant qui va faire connaître la petite-fille de Charles-Quint. Il est beau de régner même comme régente, que d'injustices on peut réparer! La reine détourna un instant son mouchoir et regarda M. de Louvigny avec une expression si touchante, et qui semblait si bien la confirmation de ce que le marquis avait dit, que celui-ci en fut complètement la dupe. Quand la cérémonie fut achevée, M. de Louvigny salua profondément la reine, et posa sa main sur son cœur. La reine fit un signe d'approbation, et se retira dans l'oratoire du roi, d'où elle ne sortit plus qu'à la mort du monarque qui fut peu de temps après (1).

---

(1) En 1643.

CHAPITRE XI.

Depuis ce moment, pendant plus d'une semaine, M. de Louvigny vint régulièrement deux fois par jour au Louvre sans pouvoir être admis chez la régente. Il n'eut pas plus d'accès chez Son Eminence. Mme de Chevreuse que l'on ne pouvait empêcher d'entrer chez la reine, puisque c'était un des droits de sa place auprès de la régente, n'en avait pas plus de moyens de l'entretenir seule à seule. Anne était entourée de gens devant lesquels il était impossible de parler, ou dans son oratoire où nul ne pénétrait, si ce n'était S. M. elle-même qui y fit appeler. Enfin, ennuyée de cette contrainte, la duchesse traverse le cercle et vient se jeter à genoux sur un coussin sur lequel la reine posait ses pieds. — Faut-il, madame, ne pouvoir parler à V. M. de ce qui devrait si vivement l'intéresser?... Anne lui mit la main sur la bouche. — Je ferai, madame de Chevreuse, ce que je dois faire, mais ce n'est pas l'instant. — Quoi! V. M. ne sait-elle pas.... — Je sais tout ce qu'il faut savoir, mais attendez.. Vous ne devez pas être plus pressée que moi, ou je croirais que vos sentimens ne sont pas si désintéressés que vous voulez me le persuader, et que votre zèle n'est pas si pur que vous voudriez qu'on le crût. La reine prononça ces paroles avec un visage si sévère, que madame de Chevreuse n'osa répliquer; elle se retira, et aussitôt la reine appela le cardinal, lui parla bas assez long-temps, et celui-ci regardait en dessous la duchesse et souriait. Etait-ce dérision ou témoignage de bienveillance, voilà ce qu'on ne distinguait pas toujours facilement sur la physionomie de Son Eminence. Cependant la duchesse voulut s'expliquer. Elle était décidée à tout braver.

Dès que le cardinal s'éloigna du fauteuil de la reine, Madame de Chevreuse se leva encore et vint droit à lui. Il ne pouvait reculer. Elle le conduisit dans l'embrâsure de la croisée et lui parla avec la dernière véhémence des devoirs sacrés auxquels il s'était engagé, ayant donné sa parole de rendre à Ferdinand la place dont il est privé depuis six ans. — Je m'en occupe, madame. — Mais pensez donc, monsieur le cardinal, que voilà dix mortels jours… — Ne dirait on pas qu'il y a dix années ; d'ailleurs ce n'est point ici que l'on peut discuter une affaire de cette importance ; veuillez avoir la bonté de dire à M. de Louvigny que je le prie de venir demain à dix heures du matin dans mon cabinet, pour être instruit des volontés de la reine sur le sujet qui vous touche.— Et Sa Majesté aussi, reprit la duchesse. — Madame, interrompit Son Eminence, craignez que par trop de zèle vous ne nuisiez à votre cause, et il s'éloigna.

Madame de Chevreuse outrée de dépit, sortit de chez la reine, et vint chez madame de Louvigny : elle jeta feu et flamme contre le cardinal et même contre la reine, dit qu'elle était une marâtre, et assura qu'elle la forcerait bien à reconnaître son enfant. Elle passa la journée chez ses amis : on ne parla que du royal enfant. On avait reçu une lettre de M. de Liancourt, qui mandait de lui mille traits intéressans. Ses progrès étaient rapides ; il était toujours le premier à sa classe, et venait très-souvent à Lérac, c'était le nom du village où était situé le château de M. de Liancourt. Là l'enfant se livrait à toute la vivacité et à la gaîté de son caractère : il ne cessait de courir, de jouer avec Félicie, qui le trouvait charmant. Madame de Liancourt ajoutait à sa belle-sœur : Je le regarde avec attendrissement. Pauvre enfant ! quelle est donc la fantaisie du cardinal, de le faire prêtre, serait-il fils de quelque Mancini ; enfin Louvigny nous le dira quand il viendra ; car vous m'avez promis de venir tous les trois ici avant les vendanges. Après avoir lu cette lettre, M. de Louvigny dit : Vous viendrez aussi, ma chère duchesse. — Bien sûrement, et j'irai peut être avant. Je vous l'ai dit, nous serons obligés d'agir hostilement, sans cela rien ne finira. Je connais la reine et son cher ministre. — Prenez garde, madame, vous n'avez pas de preuves authentiques. — J'aurai le procès-verbal. — Vous ne l'avez pas et craignez qu'on ne le supprime. — Nous sommes toujours à même d'en signer un autre ; nous existons tous. — Oui, mais la reine ni le cardinal ne le signeront pas ; enfin je crois que la prudence nous est bien nécessaire. La duchesse soutint, au contraire, qu'on ne réussissait que par la hardiesse, et elle dut voir cependant, en rentrant chez elle, qu'elle eût bien fait de suivre les avis de ses amis, car on lui signifia un ordre de la reine, qui l'exilait à Nogent-le-Rotrou, petite ville du Perche. Il fallait qu'elle quittât Paris dans les vingt-quatre heures. Le choix de la province la plus sauvage et la plus triste de toutes celles de France, prouvait assez la mauvaise volonté du cardinal à son égard. Elle écrivit une lettre à la reine, où elle s'exprimait, sur Son Excellence, avec le dernier emportement; elle n'eut aucune réponse. Elle fit part de son malheur à M. et madame de Louvigny, qui se rendirent aussitôt chez elle et y passèrent la nuit, qu'ils employèrent à la calmer et à tâcher de lui persuader que l'on ne pouvait rien attendre pour Ferdinand que la reine, que ce n'était point en irritant le cardinal que l'on parviendrait au but auquel ils tendaient, et qu'on pourrait rendre le sort de Ferdinand plus malheureux qu'il ne l'était. Qu'au surplus une couronne n'était point à désirer; que ce qu'il fallait, c'était qu'il pût jouir tranquillement des biens de la nature; qu'il soit un jour époux et père. — Vous voyez que l'on ne le veut pas au contraire. — Le temps amène bien des choses: enfin nous ne sommes pas les plus forts. — Nous le serons et ils trembleront à leur tour, je vous le jure.

— Quant à moi, reprit le marquis, demain, après l'audience du cardinal, je reprends le chemin de Louvigny, et lorsque tout ceci sera calmé, j'irai passer quelque temps chez mon beau-frère, et j'attendrai ce que voudra faire la reine, que cela touche de plus près que nous.

On vint avertir la duchesse que ses chevaux étaient mis, que le postillon s'impatientait, et elle quitta Paris, la rage dans le cœur et décidée à tout entreprendre pour perdre le cardinal.

Monsieur de Louvigny se rendit aux ordres du premier ministre, qui ayant su qu'il était dans la salle d'audience, le fit entrer dans son cabinet, et lui dit : J'ai été tellement accablé du fardeau des affaires, qu'il m'a été impossible, monsieur le marquis, de trouver un instant pour ce qui vous occupe et plus encore la reine. J'espère que vous rendez assez de justice à la bonté du cœur de cette princesse, pour imaginer tout ce qu'elle souffre, de ne pas faire à l'instant ce que son amour pour Ferdinand lui conseillerait; mais voyez à quel danger elle expose l'état, si elle révèle ce fatal secret; faut-il faire répandre des flots de sang pour donner à un fils ce qu'elle ôtera à l'autre ? Que Ferdinand soit heureux, n'est-ce pas ce que vous désirez ?—Le sera-t-il, même en perdant tous ses droits, et ne le poursuivra-ton pas dans l'obscurité où vous le laisserez languir ? — Rapportez-vous-en, monsieur, à la tendresse que sa mère lui a vouée ; mais elle ne veut pas qu'on prétende la gouverner, et madame de Chevreuse en est la preuve.

M. de Louvigny vit bien que c'était un parti résolu ; il n'insista pas, prit congé du cardinal, et dès le soir même, les amis de Ferdinand partirent pour Louvigny, d'où ils se rendirent à Bordeaux. Ferdinand eut une grande joie de les voir. Il demanda des nouvelles de Clémentine, ils lui apprirent que ses beaux pendans d'oreilles avaient donné dans l'œil d'un juge qui l'avait épousée et emmenée à Montauban, et on n'entendit plus parler d'elle.

Madame de Chevreuse descendit dans la maison la plus apparente de Nogent, qui pour cela n'en était guères plus commode : mais un palais dans l'exil ne le rend pas plus supportable : aussi ce n'était pas le désagrément de cette habitation qui déplaisait à la duchesse, c'était d'être éloignée de la cour : d'ailleurs elle n'eut pas long-temps à s'en plaindre; le duc de Béthune lui envoya dès le même jour un page pour la prier de vouloir bien accepter, pour le temps qu'elle passerait dans cette province, un petit château à une lieue de Nogent, qui dépendait du duché, et où il avait donné l'ordre que l'on lui procurât tout ce qui pouvait lui être agréable. Madame de Chevreuse accepta et s'y rendit aussitôt; le duc vint l'y recevoir. Elle lui fit part de la cause de son exil, et lui exprima le désir qu'elle avait de se venger. Le duc ne parut pas décidé à entrer dans la conjuration, mais lui jura le plus inviolable secret qu'il garda religieusement.

Madame de Chevreuse beaucoup plus libre dans cette habitation au milieu des bois, qu'elle ne l'eût été dans le bourg, montait sans cesse à cheval et allait dans les châteaux environnans; plusieurs de ses amis, ou plutôt des ennemis du cardinal vinrent la trouver, et on forma le complot le plus hardi. Il ne s'agissait pas moins que d'enlever Ferdinand, de le proclamer roi de France, de déclarer Monsieur régent, et de faire le procès de la reine et du cardinal.

M. de Louvigny à qui elle en avait fait part, en frémit. Il vit qu'il n'y allait pas moins que de la vie du jeune prince; il écrivit à la duchesse qu'il désapprouvait entièrement ses mesures, et il ne lui cachait pas qu'il allait en prévenir M. de Liancourt, afin qu'on ne laissât approcher personne de Ferdinand. Il se flattait que la seule crainte que le projet ne fût connu, empêcherait la duchesse d'y donner de la suite. M. de Liancourt en prévint le directeur qui se tint sur ses gardes.

Rien ne pouvait arrêter l'imprudence de la duchesse et elle suivait toujours son entreprise, dont Ferdinand souffrait. Car d'après l'avis de M. de Liancourt, il ne sortait plus du collége, il ne voyait plus le frère de sa bonne tante, madame de Louvigny, qui ne venait au collége que pour peu d'instans, dont la plus grande partie était consacrée à parler au directeur.

Cependant on continua à accabler Ferdinand de soins, d'attentions délicates. On lui avait fait quitter sa vilaine soutane, on lui avait mis un habit brun du plus beau drap, une veste de satin noir, des bas de soie, de très-beau linge; on lui avait rendu un médaillon, qui, s'il n'était pas le même que celui qu'on lui avait ôté, était parfaitement pareil, et qu'une chaîne de rubis suspendait de même à son col. Tout cela lui allait très-bien, ses cheveux poussaient et ses sourcils revenaient, et la teinte brune s'effaçait; ainsi il reprenait sa jolie figure: mais à quoi lui était-elle bonne! il ne sortait plus du collége.

Ses camarades l'aimaient beaucoup, parce qu'il était aussi généreux que riche ; il était toujours prêt à leur donner tout ce qu'ils désiraient. Les domestiques se sentaient aussi de ses largesses, et il les priait de s'informer dans la ville s'il n'y avait pas de pauvres enfans qui eussent besoin d'habits ou de tout autre chose. Son oncle avait mis à sa disposition mille francs par mois, pour ses menus plaisirs ; et le directeur dans les mains duquel restait l'argent, était ravi de voir l'usage qu'il en faisait ; il ne se comptait jamais dans ses dépenses.

— De quoi ai-je besoin, disait-il, vous et M. de Liancourt vous me donnez tout ce qui m'est nécessaire, pourquoi voudrais-je acheter des choses pour de si simples fantaisies avec l'argent qui est si utile à d'autres?

Il vit un jour un de ses camarades qui pleurait, il va à lui et lui demande ce qui le chagrine. — Je vais quitter le collége, mon père est mort ; il était avancé au service, et sur ses appointemens il payait ma pension. Ma mère a fait tout au monde depuis un an, pour y subvenir; mais elle est tombée malade, et il sera impossible qu'elle trouve le moyen d'acquitter le trimestre d'avance; ainsi, aux vacances je quitterai cette maison, où j'aurais acquis des connaissances utiles. — Ne vous chagrinez pas, mon ami, mon oncle vient ce soir, il appelait ainsi M. de Liancourt, et nous arrangerons cela.

Dès que le comte parut dans la grande cour, Ferdinand courut à lui et lui raconta ce qu'il avait dit à son camarade. — Je vous supplie, mon oncle, de payer la pension et l'entretien de mon ami, on la diminuera sur mes menus plaisirs; puis-je en avoir de plus grands que de voir mon camarade heureux et content! M. de Liancourt embrassa Ferdinand, fit part au directeur de ce qu'il venait de lui dire. On prit des informations; ce que l'écolier avait raconté était très-vrai;

M. de Liancourt alla voir la veuve à qui il demanda la permission de payer la pension de son fils : on pense qu'elle l'accepta avec la plus grande reconnaissance. Et depuis cet instant Charles de Valroi, c'était le nom du jeune écolier, fut l'ami le plus sincère du prince ; mais à quoi lui serviront les plus douces affections du cœur il n'en sera pas moins condamné à ne jouir d'aucunes, et à n'avoir que Dieu seul qui puisse répondre à l'extrême sensibilité dont il l'a doué.

CHAPITRE XII.

Il y avait environ un an que madame de Chevreuse était éloignée de la cour et qu'elle soufflait le feu de la guerre civile par ses agens. Enfin quand elle crut son parti assez fort pour lever l'étendard de la révolte, après avoir fait semblant d'être sérieusement malade, elle quitta secrètement les environs de Nogent-le-Rotrou déguisée en homme, suivie d'un écuyer et d'un page, et elle laissa à sa place une de ses cousines, qui était dans son lit, et ne sortait que la nuit de son appartement. Les femmes de la duchesse qui étaient dans la confidence, la servaient comme si c'eût été madame de Chevreuse ; de sorte que quand même le cardinal eût eu des espions dans ce pays, il n'aurait pu se douter que la duchesse eût quitté son exil. Elle gagna dès le soir Mortagne, où elle trouva monsieur de ***, qui l'attendait avec dix hommes déterminés. Ils furent le second jour à Saint-Malo où M. de *** avait acheté, au compte de la duchesse, un petit bâtiment marchand dont tout l'équipage était composé de gens dévoués au parti.

On mit dès le lendemain à la voile, et on longea les côtes pour se rendre à Bordeaux. La duchesse fut très-malade à bord, et M. de *** lui proposa plusieurs fois de relâcher mais elle ne le voulut point. Le bâtiment entra dans la rivière, et y resta jusqu'au soir, il s'était arrêté devant Lérac. La duchesse se fit mettre à terre suivie de son écuyer, et se rendit au chateau de M. de Liancourt à qui elle fit dire qu'un homme de sa connaissance demandait à lui parler. Le comte sortit et vint dans le vestibule; il fut très-surpris en voyant la duchesse qu'il reconnut aussitôt. Elle le pria de ne ne point la nommer. Il la fit entrer dans la galerie où était la comtesse, à qui il la présenta comme le fils d'une de ses amies ; madame de Liancourt le crut, et sachant que cette amie était aussi celui de la famille de Louvigny, elle lui en demanda des nouvelles. La duchesse dit qu'il y avait près d'un an qu'elle ne l'avait vue, mais qu'elle la croyait en bonne santé. Tout ce qui était chez la comtesse se retira ; alors la duchesse se fit connaître à madame de Liancourt, et dit que malgré tout ce qu'on avait fait pour rompre ses plans, elle était parvenue à lier si bien sa partie qu'elle était sûre de réussir, qu'elle était venue pour les prévenir, que d'ici à vingt-quatre heures Ferdinand serait en sa puissance. M. de Liancourt lui dit qu'il ne voulait rien savoir de ce complot, pour pouvoir s'y opposer sans trahir la confiance ; et dit que madame la duchesse l'obligerait de ne pas faire un long séjour chez lui ne voulant point se brouiller avec la cour. Elle rit de ses frayeurs, et dit que c'était un mal de famille. — Pas sur le champ de bataille, madame, reprit le comte; on mais peut être très-brave et haïr les conspirateurs. — Je vous entends, monsieur, je trouverai dans cette province des hommes dévoués à notre cause, et qui ne tiendront pas aux revenus d'un gros bénéfice. — Vous abusez, madame la duchesse, des droits qu'a votre sexe d'offenser impunément, mais je vous assure que nous servons le jeune prince mieux que vous et que ceux qui veulent, malgré la volonté de la régente, le mettre en évidence.

Madame de Chevreuse, qui voulait passer la nuit à Lérac, se radoucit, soupa, et se retira dans une chambre qui lui avait été préparée. M. de Liancourt monta à cheval aussitôt, se rendit au collége dont il se fit ouvrir les portes, et prévint le directeur qu'il était arrivé des mécontents qui avaient le projet d'enlever Ferdinand. On crut nécessaire d'avertir le gouverneur, qui envoya des hommes de garde au collége. A l'ouverture des portes, M. de *** se présenta avec un ordre du cardinal qui enjoignait au directeur de remettre Ferdinand de Louvigny au porteur. Le directeur ordonna qu'on le fît entrer ainsi que les hommes qui l'accompagnaient; et aussitôt les portes furent fermées et les soldats qu'on avait fait cacher les entourèrent. Ils voulurent résister, mais ils furent obligés de céder au nombre, on les désarma et on les conduisit en prison, l'ordre prétendu du cardinal ayant été reconnu faux.

M. de Liancourt de retour chez lui avertit madame de Chevreuse que ses gens étaient arrêtés. La duchesse désespérée d'avoir manqué son coup, accusa M. de Liancourt de l'avoir trahie. — Je vous avais prévenue, madame, que je déjoucrais vos projets, j'y ai réussi ; mais à présent je vous offre de vous conduire à bord et de vous garantir de tout danger. Madame de Chevreuse fut bien obligée d'accepter son secours. Elle sortit de Lérac avec le comte, gagna le bord de la mer, s'embarqua sur son petit bâtiment et se fit conduire au Passage en Espagne ; puis elle gagna Madrid, où elle alla chercher de nouveaux moyens d'intriguer.

M. de Liancourt, de retour chez lui, demanda la grâce de M. de *** et l'obtint. Les hommes qui étaient avec lui, presque tous déserteurs, furent réengagés dans les troupes royales, et de tout ce grand mouvement, il ne résulta aucun changement dans le sort de Ferdinand, qui n'avait pas même su ce qui avait été tenté pour lui, et assez long-temps encore il jouit du bonheur attaché à l'obscurité.

Deux ans après, M. et madame de Louvigny et le chevalier, voyant que tout était calme, vinrent à Lérac et furent reçus par Ferdinand avec la plus vive tendresse. Ils le trouvèrent charmant, et firent facilement avouer au directeur que ce serait dommage de l'engager dans les ordres sacrés. J'en conviens, disait le jésuite, mais mais il ne faut pas heurter le cardinal; et comme il est certain que l'éducation que Ferdinand reçoit est bonne pour quelqu'état que l'on veuille lui faire embrasser, il est plus prudent d'attendre pour ne point attirer au jeune homme des ennemis puissans.

M. et madame de Louvigny revinrent en Bourgogne, et il y avait six mois qu'ils étaient chez eux, quand Monsieur, frère de Louis XIV, fit une maladie assez grave pour donner idée à la reine, si son fils mourait, de mettre à sa place Ferdinand. Le projet était hardi, mais que ne hasarde pas l'amour maternel! Cette étrange idée valut à M. de Louvigny un ordre de la reine de venir au Louvre; il s'y rendit aussitôt. S. M. le fit entrer et lui dit : Vous me trouvez cruelle, injuste, barbare. Ah! si vous pouviez lire dans mon cœur, vous sauriez s'il n'est pas toujours déchiré par le malheur de mon cher Ferdinand; et c'est pour cela que je n'ai pas voulu vous voir. J'ai crains ma faiblesse, je ne puis déclarer que je suis accouchée de deux jumeaux, sans bouleverser l'état; car qui saura quel est l'aîné! je ne savais moi-même à l'instant de la mort du roi, quel degré de puissance j'aurais. Le testament du roi me liait les mains, ensuite que d'embarras m'ont accablée! j'ai attendu des circonstances plus favorables. Hélas! celle qui se présente est bien douloureuse; cependant si je dois éprouver le malheur que je redoute, je veux le faire servir au bonheur de Ferdinand. Monsieur est fort malade, sa mort me sera très-cruelle; mais elle me procurera le seul moyen de rendre à Ferdinand le rang qui lui était dû.

Dès que Monsieur aura cessé d'être, ses funérailles se feront en secret; Ferdinand sera mis dans son lit et on continuera de le dire malade ; les médecins que je ferai parler ordonneront les eaux, et dans six mois il viendra grandi, et embelli, et se portant à ravir, la ressemblance ne lui nuira pas, elle existe entre mes fils ; voilà l'idée que j'ai eue, et qui seule pourrait me consoler de la perte de mon second fils. Pour cela je vais faire écrire, par le cardinal, au directeur pour qu'il vous confie l'enfant; vous l'amenerez bien secrètement à Saint-Germain où j'irai le voir. Si Monsieur est plus mal, vous serez tout près pour amener l'enfant à Paris. Voyez le cardinal et partez le plus promptement possible. Dès que vous serez à Saint-Germain, j'irai embrasser Ferdinand qui me sera toujours bien cher.

M. de Louvigny vit S. Em. L'ordre était tout prêt. — Partez promptement, dit le cardinal ; ramenez Ferdinand ; si son frère meurt, il aura sa place. Il sera heureux, et nous serons débarrassés de sourdes intrigues, qui peuvent avoir des suites funestes. M. de Louvigny ne perdit pas un instant, et partit pour Bordeaux, le directeur fut bien étonné de le voir, encore plus de l'ordre du cardinal; celui-là était tout entier de la main de S. Em. M. de Saint-Armand confia Ferdinand à M de Louvigny et lui dit les larmes aux yeux : — Je ne puis m'opposer à son élévation, mais je doute qu'il puisse jamais être plus heureux qu'ici. L'enfant assura qu'il reviendrait avec plaisir, mais qu'il en aurait beaucoup à voir la belle dame ; car son oncle lui avait dit que c'était le but de son voyage, ne voulant qu'il sût rien d'un projet dont l'exécution était si incertaine.

Ils arrivèrent à Saint-Germain le quatrième jour. Monsieur était au plus mal ; on ne savait pas s'il passerait la nuit. La première femme de chambre de la reine, la seule qui fût du secret, attendait M. de Louvigny. Elle fut enchantée de Ferdinand ; elle le trouvait charmant ; elle lui baisait les mains : Ferdinand l'embrassait de tout son cœur ; il adorait les femmes, et la seule chose qui l'affligeait au collége était de n'en pas voir. On lui servit un bon souper ainsi qu'à son oncle, ils mangèrent et ils se couchèrent.

Dès sept heures du matin la première femme de chambre entra dans leur appartement, et leur dit que la belle dame les attendait. Elle les fit passer par des corridors et des escaliers dérobés ; et enfin ils parvinrent à un cabinet où la reine les reçut. Dès que Ferdinand entra, il reconnut celle qui lui avait donné à Louvigny tant de marques de tendresse. Il se précipita dans ses bras, et la combla de caresses. La reine y répondit avec transport, et dit à M. de Louvigny : Pourquoi faut-il que je ne puisse jouir du bonheur de l'appeler mon fils, qu'en perdant un objet qui m'est aussi bien cher! Elle fit apporter le chocolat, le prit avec le jeune prince qui était étonné que son oncle ne déjeunât pas avec eux. — Un jour, mon ami, vous en saurez la raison; mais, aujourd'hui, je ne puis vous la dire. La reine fit mille questions à son fils; il répondit à toutes avec précission; elle le trouvait adorable.

Quand il fallut se séparer, le petit prince ne le voulait pas ; mais la reine lui promit de venir tous les jours ; elle n'y manqua pas, et c'était chaque fois de nouveaux témoignages de tendresse qu'elle donnait à celui qu'elle abandonna depuis avec une si étonnante indifférence. Hélas! ces jours ne furent point longs. Monsieur cessa d'être en danger, et les médecins répondirent de sa vie. Au bout de dix jours le cardinal signifia à M. de Louvigny, qu'il fallait ramener Ferdinand à Bordeaux. L'enfant demanda pourquoi la belle dame ne venait point, s'il ne la reverrait pas. — Vous la verrez, mon petit ami, dit le cardinal, quand vous aurez fini vos études. Continuez à vous bien conduire, et vous serez très-heureux. Le cardinal l'embrassa, et le recommanda aux soins de M. de Louvigny avec une apparente tendresse ; mais il pressa le départ qui devait avoir lieu le soir même.

Comme M. de Louvigny et son neveu adoptif soupaient tristement, ils entendirent frapper doucement à la porte. Les gens qui les servaient étaient retirés. Le marquis se lève et va ouvrir ; c'était Blouin qui venait de la part de la reine, dire à M. de Louvigny, qu'il ne partît pas avant le jour, et qu'il attendît S. M. ; mais que surtout personne ne soit dans l'appartement vers minuit, qui est l'heure où la princesse s'y rendra. Le marquis assura le garçon de la chambre qu'il se conformerait aux ordres de la reine.

L'enfant fut enchanté quand il sut qu'il reverrait la belle dame, et ne voulut point se coucher. A minuit on frappa de nouveau : c'était la reine et sa première femme de chambre. Ferdinand lui sauta au cou. Oh ! je vous revois ! M. le cardinal avait dit que vous ne viendriez pas. — Il ne le sait pas, reprit la reine ; il ne faudra pas le lui dire si vous le voyez. — Et pourquoi voulait-il me priver du bonheur de vous revoir. Ah ! je l'ai toujours pensé, les cardinaux sont méchans. — M. de Mazarin ne l'est pas, au contraire, c'était parce qu'il craignait que ces adieux ne me fissent mal ; mais j'ai voulu le revoir, ce précieux enfant. Hélas ! je ne puis accuser la Providence qui me rend une tête bien chère ; mais il me semblait que j'aurais eu bien du bonheur à élever celui-ci sous mes yeux, tous deux me sont précieux; je ne puis nier que Ferdinand paraît bien plus tenir d'un autre, et qu'il n'y a pas entre eux que la physionomie de semblable ; ils ont les mêmes qualités; aussi soyez sûr, monsieur de Louvigny, qu'il me sera toujours cher, et si jamais les sentimens que je lui dois, étaient étouffés par une crainte pusillanime, que le sang qui l'a formé s'allume dans mes veines, qu'il porte dans ce sein, devenu barbare, les plus cruelles angoisses et la mort. Oui, mon Dieu, je consens à souffrir ces tourmens, si j'abandonne mon fils.—Ah ! je le savais que vous étiez ma mère, dit Ferdinand, et il se mit à genoux devant elle. Il lui baisait les mains ; elle penchait sa tête sur la sienne, et ses pleurs ne lui laissaient pas la force de lui répondre : O cher Ferdinand, je suis ta mère ; mais garde cet important secret encore quelque temps. Ah ! le cardinal avait bien raison de s'opposer à ce que je le revisse. Il me semble que mon cœur se déchire à l'idée de m'en séparer. — Ma mère, ne vous en allez pas, disait Ferdinand, ne me faites pas partir, le cardinal ne le saura pas. — Il le saurait, mon fils, et d'ailleurs votre éducation exige........ Adieu, mon cher Ferdinand, mon cher fils ! M. de Louvigny, je vous le recommande et à M. de Liancourt. Je vous ferai dire quand vous pourrez me l'amener. M. de Mazarin a beau me faire envisager de grands dangers dans ses entrevues, je veux le voir. Elle l'embrassa encore avec la plus vive tendresse, et s'enveloppant dans ses coiffes, elle reprit le bras de sa première femme de chambre que Ferdinand embrassa en pleurant, et cette mère que sa faiblesse rendait coupable, s'éloigna avec un mortel regret d'un fils qui eût fait son bonheur. M. de Louvigny força le jeune prince à se coucher, et dès six heures du matin ils reprirent le chemin de Bordeaux.

CHAPITRE XIII.

Monsieur de Louvigny avait remis son fils adoptif entre les mains du directeur, qui le revit avec un grand plaisir. J'ai oublié de dire que le cardinal avait donné à M. de Louvigny une lettre pour le jésuite, à qui il recommandait Ferdinand avec la plus grande affection et lui faisait compliment sur la manière dont cet enfant était élevé, ajoutant qu'il faisait honneur à ses maîtres. Le directeur fut enchanté, et assura M. de Louvigny qu'il était plus avantageux pour Ferdinand de rester encore quelques années au collége, et qu'il serait bien plus capable de remplir par la suite des emplois importans, que s'il était livré si jeune à la dissipation et aux conseils pervers.

Les camarades de Ferdinand le revirent avec plaisir; ils lui demandèrent où il avait été. Je n'en sais rien, fut sa seule réponse, et ils eurent beau lui faire mille questions, ils n'en tirèrent pas plus d'éclaircissement; ce ne fut qu'à Charles Valroi qu'il raconta les particularités de ce singulier voyage. — Nous avons été long-temps en route, dit-il, quoique nous fussions en poste; mon oncle ne me nommait aucuns des endroits où on relayait, ni celui où nous arrivâmes. Tout ce que je sais, c'est que c'est un grand château, où nous fûmes reçus par une dame d'une quarantaine d'années, fort bien mise ayant le ton doux et poli. Elle me fit beaucoup d'accueil, mais avec des manières respectueuses; elle voulait me baiser les mains, moi je l'embrassai de tout mon cœur. Puis elle nous conduisit en nous faisant passer par de petits escaliers, dans un fort joli appartement où on apportait à dîner les meilleures choses possibles; pour le déjeûner, nous le faisions avec une belle dame que je connaissais sans savoir qui elle est; elle m'aime beaucoup. M. le cardinal venait aussi nous voir quelquefois : enfin nous avons passé dix jours dans cette habitation, pendant lesquels je ne suis pas sorti; j'apercevais de fort beaux jardins; mais mon oncle n'y descendait pas. Le soir où nous devions partir, la belle dame est venue, elle a beaucoup pleuré, m'a dit les choses les plus tendres ; c'est le cardinal qui l'empêche de m'avoir auprès d'elle.— Je crois que c'est ta mère. — Je l'aime comme tu peux aimer la tienne. Pourtant, voilà à quoi s'est réduit mon voyage : j'aurais bien voulu aller à Paris; mon oncle ne l'a pas voulu; enfin me voici revenu, fort aise de te revoir, mon cher Charles, fort fâché de m'être séparé de la belle dame.

Ce récit naïf, qu'il fit aussi au directeur, lui persuada que Ferdinand était le fils ou d'une nièce du cardinal ou d'une princesse du sang; mais toujours dans l'une ou dans l'autre de ces hypothèses il ne pouvait qu'être utile à la compagnie de Jésus, qui, comme on sait, était attentive à profiter des avantages qui se présentaient, et ne se mêlait jamais ouvertement des guerres de parti. Aussi notre héros, tout le temps qu'il fut au collége, n'eut aucune idée de ce qui se passait à Paris, et même à Bordeaux et dans ses environs, ainsi que dans beaucoup de villes du royaume. Le nom de la Fronde ne vint pas à son oreille. En vain le coadjuteur, le célèbre cardinal de Retz, mettait, par ses intrigues, la cour au désespoir, Ferdinand ne savait pas seulement qu'il existât.

Cependant madame de Chevreuse avait fait offrir au coadjuteur de faire proclamer Ferdinand Ier. à la place de Louis XIV; mais M. de Retz ne prit aucune confiance dans un complot conduit par une femme, et dont le but était encore une régence. Aussi ne voit-on pas dans les mémoires du temps figurer le jeune prince dont on regardait l'existence comme une fable.

Chasser le cardinal, rendre le parlement une chambre des pairs, marier Louis XIV à Mademoiselle ; voilà ce qu'on voulait. Il n'y avait que madame de Chevreuse qui eût d'autres projets ; et tant que M. de Buckingham vécut, elle eût pu réussir à tirer Ferdinand de l'obscurité et à le replacer à la cour. Ces intrigues qui n'étaient soutenues que par des étrangers obscurs, ne servirent à rien ou plutôt perdirent le malheureux prince ; mais bien des années se passèrent sans qu'il souffrît de ces complots. Il continuait à être aimé, chéri de tout ce qui le connaissait ; il venait d'atteindre sa seizième année, et depuis plus d'un an il trouvait Félicie charmante, lorsque M. le cardinal envoya l'ordre exprès d'aggréger Ferdinand à l'Eglise en le faisant tonsurer. C'était à M. de Louvigny que cet ordre avait été adressé; il en éprouvait le plus vif chagrin, mais il fallait obéir. Le marquis partit et arriva chez le frère de sa femme ; c'était précisément dans le temps des vacances : le père Saint-Armand avait amené son jeune élève et Charles à Lérac. Nos jeunes gens se livraient à la plus innocente gaîté; on dansait sous l'ormeau avec les villageois, et Ferdinand se faisait distinguer par la grâce et la précision de sa danse. Il conservait si peu de chose du costume ecclésiastique , que l'on ne pouvait plus imaginer qu'il prendrait cet état.

Dès qu'il aperçut celui qu'il croyait son oncle, il quitta sa jolie danseuse pour voler dans les bras du marquis, qui le trouva grandi, embelli, et qui ne pouvait penser qu'il était destiné au célibat sans un extrême chagrin.

Félicie vint aussi embrasser son oncle, elle l'aimait en proportion de son attachement pour son cousin ; M. de Liancourt, le directeur, tous s'empressèrent de lui demander quel heureux hasard l'amenait dans cette province, seul et dans une saison où il ne quittait pas ordinairement la Touraine : on était à la fin de septembre. — Je vous l'apprendrai plus tard ; ne nous occupons maintenant que du plaisir d'être ensemble. Le bal continua, et il ne fut pas difficile à M. de Louvigny de voir que Félicie avait fait de grands progrès sur le cœur du petit abbé. Le directeur comprit que M. de Louvigny serait bien aise de garder son neveu, et il laissa Ferdinand en disant que son oncle le ramenerait quand il voudrait. M. de Louvigny dit au jésuite qu'il profiterait de la permission, mais qu'il irait le lendemain matin causer avec lui. — Je serai toujours à vos ordres, M. le marquis, et il se séparèrent.

Le bal dura une partie de la nuit ;

car on avait quitté la pelouse, et on dansait dans la galerie basse qui donnait sur le parc, et que Ferdinand avait prié M. de Liancourt de faire illuminer. Les paysannes s'étaient retirées, et il ne restait plus que les personnes du château et quelques jolies châtelaines des environs. On fit médianoche, on reprit la danse jusqu'au jour; et comme les vendanges étaient ouvertes, Ferdinand proposa de ne point se coucher et d'aller se mêler à la troupe des vendangeurs. Il suffisait que Ferdinand proposât quelque chose pour que Félicie le trouvât charmant, et ce qui plaisait à Félicie était rarement contrarié par ses parens; ainsi on alla dans les vignes où M. de Liancourt fit apporter le plus excellent déjeuner. Félicie, toujours auprès de Ferdinand, lui volait tout le raisin qu'il vendangeait, et puis l'accusait de paresse; il se défendait, on appelait des témoins qui tous étaient contre lui, et on le condamnait à l'amende, et comme elle était toujours au profit du plus pauvre père de famille qui faisait partie des ouvriers, l'abbé la payait avec plaisir, et la doublait presque toujours. M. de Louvigny, après la médianoche, avait été se coucher. A son réveil, sachant qu'on était allé vendanger, il en profita pour aller au collége, où il voulait communiquer au père Saint-Armand l'ordre du cardinal. Il se rendit dans la chambre du directeur qui l'attendait. Dès qu'ils furent seuls, il lui dit : Mon révérend père, vous vous doutez bien que je ne quitterais pas mes vendanges pour venir faire celles du frère de ma femme, si des raisons majeures ne m'y déterminaient pas. Et tandis que notre enfant se livre à des plaisirs bien permis à son âge, on dispose de lui et on veut le contraindre à mener un genre de vie bien opposé à celui pour lequel la nature l'a formé : voici la lettre que j'ai reçue du cardinal et dont je n'ai parlé à personne. Le directeur la lui rendit et dit : Cet ordre est précis ; je crois qu'il serait dangereux de s'y opposer.

— C'est ainsi que j'ai pensé, quand j'ai consenti qu'on l'amenât au collége. Si je consens encore à le laisser tonsurer, on continuera ainsi jusqu'à ce qu'il soit engagé dans les ordres, et alors toutes mes espérances seront anéanties et le jeune homme sera ou malheureux ou coupable.

— J'en conviens, mais que faire ? nous avons encore six ou sept ans avant que ce soit un parti pris ; je suis d'avis que nous consentions encore à cette injustice. Nous n'avons point de prétexte assez réel pour nous y opposer : rapportez-vous-en à moi pour les saisir. Obéissons, et dans deux ans d'ici, nous serons bien plus en mesure pour résister. M. de Louvigny ne comprenait pas le plan du jésuite ; mais il se fiait à son attachement pour Ferdinand. Il le laissa donc absolument maître de faire ce qu'il croirait le meilleur pour leur cher élève. Ils convinrent en outre qu'on laisserait finir les vacances, qui devaient l'être dans quinze jours, que Ferdinand les passerait à Lérac, et que lorsque M. Louvigny le ramenerait au collége, on lui ferait part de l'indispensable nécessité de se faire tonsurer; mais que lui, M. de Saint-Armand, obtiendrait de l'évêque qu'il n'irait au séminaire que dans deux ans; ainsi rien ne changerait dans son éducation. Le jésuite ajouta : Je ne vous demande point votre secret, monsieur le marquis; mais ce qui n'est pas difficile à imaginer, c'est que ce jeune homme appartient à de grands personnages qui ne sont point d'accord sur sa destinée ; que vous, monsieur, vous avez peu d'ambition pour votre élève, et qu'il vous suffit d'en faire un homme de bien , et qui soit heureux. J'espère que je vous seconderai dans ce louable dessein, et que nous déjouerons les intrigues. M. de Louvigny prit la main du jésuite, la serra affectueusement dans la sienne et lui dit : Vous avez lu dans mon cœur, mon révérend père, et je m'abandonne entièrement à votre amitié pour notre cher Ferdinand, et ils se séparèrent pleins d'estime et d'attachement l'un pour l'autre, et le directeur promit d'aller sous deux jours à Lérac, où M. de Louvigny trouva ces dames, qui revenaient au château se reposer quelques heures avant le souper.

Ferdinand, qui n'était pas le moins fatigué de la bande, ne voulait point se livrer au sommeil dont il avait le plus grand besoin, pour rester avec son oncle ; mais celui-ci l'exigea, et dit que, pendant que les habitans du château dormiraient, il irait à l'affut. M. de Liancourt, qui était inquiet de ce voyage, redescendit dans le salon, quand tout le monde, excepté M. de Louvigny, fut retiré.

Les deux beaux-frères avaient la même manière de penser ; ils aimaient Ferdinand pour lui-même : ce n'était pas un fils de roi, sur lequel ils fondaient de chimériques espérances, c'était un jeune homme charmant à qui la nature avait tout donné, pour mieux faire sentir l'injustice qu'on eut à son égard ; et ils auraient voulu, aux dépens de leur propre vie, assurer un sort heureux et indépendant à leur élève.

M. de Liancourt n'apprit donc pas sans douleur les ordres tyranniques du cardinal. Il voyait avec complaisance l'attachement que le jeune prince prenait pour sa fille. — Je sais bien, dit-il, à M. de Louvigny, qu'il ne pourrait épouser Félicie qu'en perdant tout espoir de reprendre son rang ; mais c'est lui que je veux pour mon gendre ; c'est le fils de Saint-Louis et de Henri IV, que je veux pour ancêtre à mes petits-fils, quoique dans cette position ces noms augustes ne pourraient se lire sur leur généalogie ; mais leur sang n'en coulerait pas moins dans leurs veines et y transmettrait leurs immortelles vertus ! C'est ainsi que ces vrais amis de notre héros s'affligeaient de ne pouvoir fixer eux-mêmes la destinée de celui qui leur était si cher. Ils convinrent de ne parler à personne du sujet de leur inquiétude. M. de Liancourt quitta son beau-frère pour aller prendre quelque repos ; mais leurs pensées ne se séparèrent pas, et Ferdinand en fut le seul objet.

CHAPITRE XIV.

Les fêtes et les plaisirs se succédèrent pendant tout le temps que durèrent les vacances; Ferdinand s'y livrait avec toute l'innocence et la vivacité de son âge, il ne lui manquait que sa tante et celle qu'il croyait sa mère pour être parfaitement heureux, car il était encore dans l'âge où les jouissances du cœur ne sont point troublées par les passions, et du reste, il trouvait réuni à Lérac tout ce qui pouvait faire le charme de la vie; il ne connaissait pas le sentiment qu'il éprouvait pour Félicie, il savait seulement qu'il la préférait même à la belle dame, que près d'elle il ne désirait rien que d'y passer sa vie; quand ses yeux se fixaient sur ceux de sa jolie cousine, leurs regards se confondaient et ils goûtaient l'un et l'autre un bonheur que rien ne peut décrire. Félicie ne cachait point l'amour qu'elle avait pour Ferdinand, car elle croyait que ce n'était que de l'amitié; et qui pouvait trouver mauvais qu'elle éprouvât ce sentiment pour son cousin? Cette parenté qui même si Ferdinand eût été fils de M. de Louvigny, n'aurait pas existé. Ces jeunes amis la regardaient comme réelle, c'était un lien qui leur était cher.

Cependant plusieurs choses inquiétaient Félicie : cette mère inconnue qui paraissait très-riche et l'amie intime du cardinal, pouvait d'un moment à l'autre le rappeler auprès d'elle. Déjà un voyage les avait séparés pendant près d'un mois. N'en fera-t-il pas de plus longs? Peut-être une fois parti il ne reviendra pas, et toutes ces pensées la désolaient quand elle était séparée de lui, car lorsqu'il était à Lérac elle ne s'occupait que de jouir de tous les divertissemens qu'il lui procurait. M. et madame de Liancourt voyaient, comme nous l'avons dit, cet amour naissant, et ils se flattaient que leur pupille ferait le bonheur de leur fille ; ils avaient une fortune bornée, mais il n'y avait aucun doute que celle de Ferdinand serait très-considérable ; il jouissait depuis l'âge de cinq ans d'un revenu de plus de soixante mille livres, dont son tuteur ne dépensait pour lui que le tiers ; il plaçait quarante mille francs chaque année; ainsi, en supposant qu'il se mariât à vingt ans, et qu'alors il perdît le prieuré de Saint-Martin, il se trouverait au moins six à sept cent mille francs ; ils pourraient donc vivre heureux et indépendans des caprices de la cour; ainsi M. et madame de Liancourt voyaient sans la moindre inquiétude ces bons jeunes gens s'aimer dans toute l'innocence de leurs cœurs. Charles était le confident de Ferdinand; il était plus âgé que lui de trois ans, et ses études finissaient avec l'année classique; c'était un chagrin très-grand pour le jeune abbé qui cherchait comment il pourrait conserver auprès de lui un ami qui lui était si cher, et qui d'ailleurs, en sortant du collége, serait très-malheureux, car il serait forcé de retourner chez sa mère qui était toujours aussi pauvre qu'au moment de la mort de son père. Ferdinand parla à son oncle de Charles avec une grande amitié et un vif désir de l'attacher à lui. — Nous verrons, mon ami, ce que l'on pourra faire à ce sujet quand tu retourneras au collége.

Le désir que témoignait Ferdinand de garder auprès de lui son ami, donna l'idée à M. de Louvigny d'en profiter pour obtenir qu'il consentît à se faire tonsurer; il en parla au directeur. Celui-ci était venu à Lérac deux ou trois fois pendant les vacances, qui se passèrent aussi agréablement qu'elles avaient commencé. Enfin le 30 septembre arriva; et M. de Louvigny annonça qu'il partirait ce jour-là avec Ferdinand, s'arrêterait quelques jours à Bordeaux, et reprendrait la route de Bourgogne.

Les adieux furent fort douloureux entre Ferdinand et Félicie; mais ce fut avec madame de Liancourt que cet aimable jeune homme déploya toute sa sensibilité; il la serrait contre son cœur : un fils n'est pas plus tendre, plus affectueux. La comtesse voyait bien à qui s'adressaient de si vifs regrets; elle les adoucit en promettant d'aller passer l'hiver à Bordeaux pour y perfectionner l'éducation de Félicie. — Elle n'a rien à apprendre, reprit-il avec vivacité, on sait tout quand on sait inspirer une aussi vive amitié que celle que j'aurai pour Félicie jusqu'à mon dernier jour; je n'en suis pas moins enchanté que vous vous rapprochiez de votre pauvre Ferdinand, qui ne peut vivre séparé de vous. Madame de Liancourt termina cette conversation en exigeant de Ferdinand qu'il n'abusât pas plus long-temps de la complaisance de son oncle, qui l'attendait depuis un quart-d'heure sur le perron.

Il s'arracha d'auprès de ce qu'il aimait déjà avec tant de vivacité. Au moment de monter à cheval, il trouva que celui qu'on lui présentait, et que son oncle lui dit être à lui, était un andalous d'une grande beauté, que M. de Louvigny lui avait acheté et qu'il devait garder au collége, où il aurait un maître d'équitation. Le plaisir d'avoir en propriété un aussi joli animal enchanta Ferdinand, et fit une heureuse diversion au chagrin qu'il ressentait en s'éloignant, avec son oncle, de Félicie. Charles montait un cheval de M. de Liancourt qu'un domestique qui les suivait, devait reconduire à Lérac.

Ils arrivèrent au collége sur les six heures du soir ; on était au réfectoire.

M. de Louvigny ne s'arrêta pas au rez-de-chaussée et fut droit à l'appartement du directeur qui revit ses élèves avec plaisir. On laissa encore passer cette soirée ; mais le lendemain matin il fallut bien apprendre au jeune prince ce que le cardinal et la belle dame exigeaient de lui. Il assura que rien dans le monde ne le déterminerait à se faire tonsurer : que c'était un parti pris ; que le directeur lui avait promis qu'il ne le ferait point prêtre. — Je vous le jure encore, reprit celui-ci ; mais il faut se soumettre à cette cérémonie qui n'est rien. — Qui est tout ; puisque c'est le premier anneau de la chaîne qui m'engagera irrévocablement. Oh ! mes amis, mes respectables amis, ne m'ensevelissez pas vivant, ne me séparez pas de tout ce que j'aime. Je vais perdre Charles ! je ne verrai plus Félicie ! madame de Liancourt ! à quoi me servira mon beau cheval quand je serai enfermé dans un séminaire ? —

Ecoutez, mon cher fils, dit le jésuite, écoutez-moi avec attention : un voile impénétrable dérobe à tous les yeux celle qui vous donna le jour; il paraît que des hommes puissans ne veulent point que ce mystère soit éclairci; et pour ne laisser aucune espérance à vos amis, ils veulent que vous soyéz ecclésiastique. Laissez-les faire, la régence est finie; mais l'ascendant du cardinal subsiste encore, elle ne sera pas éternelle; je sais de bonne part que notre jeune roi annonce les plus grandes qualités, il a la bonté de son aïeul et sa justice; c'est moi qui me charge de lui peindre les intrigues dont vous êtes la victime, lorsqu'il sera sorti de tutelle; votre âge est le sien : et en supposant que la reine prolonge de quelques années encore sa puissance, elle sera certainement bien affaiblie avant que vous soyez forcé à vous engager irrévocablement : d'ici là jouissez du du revenu que vous donne l'habit ecclésiastique. Et il lui fit le calcul que nous avons fait plus haut : vous avez un avenir assuré, ne le rendez point incertain. Si vous refusez d'entrer dans les ordres, vous perdrez votre bénéfice, et sans aucun avantage ; car qui sait ce que pourra faire le cardinal contre vous s'il se voit contrarié dans ses plans ? J'ajouterai une considération à toutes les autres. Vous aimez Charles ? — De toute mon âme. — Eh bien ! sa fortune, celle de toute sa famille dépend de vous.— De moi ? — Oui, et je vais vous l'expliquer :

Charles est, comme vous savez, fils de M. de Valroi, homme de qualité qui a laissé beaucoup d'enfans ; il se dévoue à l'état ecclésiastique, d'après ce que je lui ai dit que je tâcherais de lui faire avoir une cure où sa mère pourrait vivre. Eh bien ! si vous vous laissez conduire, mon cher Ferdinand, vous ne serez point séparé de votre ami ; il sera tonsuré avec vous ; vous n'entrerez ni l'un ni l'autre au séminaire que dans deux ans ; et lorsque le roi vous permettra de vous marier, ce que j'obtiendrai bien certainement, nous demanderons aussi à S. M. de faire passer votre bénéfice à Charles, que vous enrichirez et sa famille, par le crédit que vous aurez alors à la cour.—Cela est-il vrai?— Rien de plus positif. — Eh bien ! mon révérend père, faites tout ce que voudrez, j'aurai au moins la satisfaction d'avoir fait pour l'amitié tout ce qui dépendra de moi. Charles se jeta dans ses bras, et lui exprima toute sa reconnaissance. MM. de Louvigny et de Liancourt, enchantés de la tournure que cette négociation avait prise, marquèrent à Ferdinand toute la satisfaction qu'ils en ressentaient ; et il leur dit : seulement, assurez ma cousine que vous l'avez exigé et que vous m'avez promis que je ne serais jamais engagé : ils le lui jurèrent.

Deux jours après, Charles et Ferdinand entrèrent en retraite, et au bout de huit jours, l'archevêque vint leur imposer les mains, et, comme l'avait dit le directeur, rien ne changea dans les occupations et les exercices du jeune abbé; il eut de même tous les maîtres d'agrément. L'équitation ne fut point oubliée; on substitua seulement S^t. Augustin et S^t. Ambroise à Horace et Virgile : c'était de même de beaux génies. Si leur latinité était moins pure, leur morale l'était davantage, et Ferdinand, destiné à avoir les passions les plus impétueuses, avait néanmoins, comme le roi, un amour de l'ordre qui lui donnait une grande estime pour tout ce qui en portait le caractère. Ainsi il apprit sans ennui à connaître les maîtres de la morale évangélique; d'ailleurs il partageait cette étude avec Charles, il lui en applanissait les difficultés; car il avait une facilité surprenante pour les langues anciennes et modernes, et une telle activité qu'il suffisait à tout. On pouvait assurer que dans quelqu'état que la Providence le plaçât, il serait toujours, ainsi que Louis XIV, un homme supérieur. Cette étude approfondie d'une religion qui n'a besoin que d'être bien connue pour être respectée, lui fut plus utile qu'on ne le croyait alors. C'est à elle qu'il dut, de supporter, avec une résignation sans exemple, quarante années de la plus sévère captivité; mais écartons cette douloureuse pensée, et voyons-le encore s'enivrer des plus doux plaisirs; car ils étaient avoués par la vertu.

CHAPITRE XV.

Madame de Liancourt tint la parole qu'elle avait donnée à Ferdinand, et à la fin de septembre elle vint à Bordeaux. M. de Louvigny avait laissé à sa belle-sœur l'argent nécessaire, pour y tenir pendant trois mois un état convenable. On ne pouvait pas se livrer à la ville à des amusemens opposés entièrement à l'état présumé du jeune abbé. On ne donna point de bals, mais des concerts; on ne dit point que les anges dansent, mais bien qu'ils chantent; ainsi Ferdinand et Charles pouvaient chanter sans scandaliser personne. Le premier surtout avait une voix superbe, et quand elle s'unissait à celle de Félicie, elles faisaient le plus grand plaisir. On ne veillait pas, car il fallait être rentré au collége à neuf heures ; mais on se réunissait bien avant midi. On se rendait compte de tout ce qu'on avait fait depuis deux ou trois jours que l'on ne s'était vu, et quoiqu'on redît sans cesse les mêmes choses, elles paraissaient toujours nouvelles.

Ces trois mois s'écoulèrent avec une rapidité, que nos jeunes gens ne pouvaient concevoir, et quand madame de Liancourt annonça qu'elle allait retourner à Lérac, ils éprouvèrent une surprise extrême ; mais le carême approchait, et nos jeunes ecclésiastiques devaient se soumettre à la retraite que ce temps exigeait d'eux. Cependant il fallut convenir que l'on ferait un seul voyage à Lérac avant Pâques avec le directeur, et que l'on n'y coucherait pas.

La contrainte augmente encore l'attachement, et Ferdinand, séparé de Félicie, après avoir long-temps connu la douceur de ses sentimens pour elle, en sentit les tourmens. Charles était le confident de tout ce que son ami souffrait; il le plaignit, et l'on aime à être plaint. Le séjour de mademoiselle de Liancourt à Bordeaux avait donné des rivaux à Ferdinand. Elle était belle, aimable. Ses père et mère avaient eu pendant leur séjour à la ville une maison qui annonçait une grande aisance. Félicie était fille unique. L'intendant n'avait qu'un fils qui s'éprit pour Félicie de la passion la plus violente; l'amour prend toujours le caractère du cœur dans lequel il habite. Robert de **** avait une âme dure et fausse. Il joignait à une extrême arrogance un penchant au mensonge et à la perfidie. Il n'avait pu voir sans jalousie la préférence que Félicie accordait à son cousin. L'habit ecclésiastique que celui-ci portait ne le rassurait pas, et soit que Robert obtînt ou non la main de mademoiselle de Liancourt, le jeune abbé lui paraissait à craindre. Il résolut donc, avant même de s'assurer si sa demande serait agréée de séparer les amans. Il sut, car en province tout se sait, que la naissance de Ferdinand était un mystère, et que le cardinal voulait le faire ecclésiastique pour qu'il n'eût point de postérité. Il n'eut pas de peine à engager le secrétaire de son père à écrire une lettre anonyme au cardinal pour l'instruire de ce qui qui s'était passé à Lérac et à Bordeaux, et qu'il n'y avait aucun doute que M. de Liancourt protégeait les amours du jeune abbé avec sa fille, au grand scandale de toute la ville.

Le cardinal reçut la lettre, et n'en fit pas plus de cas qu'il n'en fallait d'un écrit dont l'auteur était assez lâche pour ne point signer ce qu'il avançait. Il ne négligea cependant pas l'avis, fit prendres des informations; elles se trouvèrent conformes à la dénonciation, et sans prendre l'ordre de la reine, sans en instruire M. de

Louvigny, il fit expédier une lettre de cachet qui ordonnait que Ferdinand, prieur de Saint-Martin, serait transféré du collége des jésuites au séminaire, et y resterait jusqu'à ce qu'il y reçût l'ordre de la prêtrise.

Quel fut l'étonnement, la douleur du directeur quand l'officier de la maréchaussée (1) lui remit l'ordre du roi, qui n'en savait sûrement rien ! Qui avait pu provoquer cet ordre ? il espérait le découvrir et le faire révoquer ; mais avant tout il fallait obéir, et comment y décider Ferdinand ? C'était précisément la veille du jour qu'il devait aller à Lérac avec le jésuite. Il y avait trois semaines qu'il n'avait vu Félicie ; il attendait ce moment avec toute l'impatience de la jeunesse et de l'amour. Il n'y a cependant aucun moyen de retarder l'exécution de cette fâcheuse missive, et il obtint

―――――――

(1) C'était ainsi qu'on nommait la troupe qu'on appelle maintenant gendarmerie.

avec peine un quart-d'heure. Le directeur pria le lieutenant de maréchaussée de passer dans sa bibliothèque, et envoya chercher Ferdinand.

Quand celui-ci entre dans sa chambre, le directeur se lève, va au-devant de lui, et lui dit : Mon fils êtes-vous capable de soutenir, en homme issu de la race des héros, un grand malheur ? — Tout, mon père, hors la mort de Félicie. — Félicie se porte à merveille, mais il faut renoncer à la voir pendant quelque temps. — Que dites-vous ? Quelle nouvelle tyrannie ! — Mon fils, voilà une lettre de cachet qui vous transfère au séminaire. — Moi ? plutôt mourir ! — Vous ne mourrez pas, mon cher Ferdinand, et vous obéirez, parce que vous ne pouvez désobéir sans exposer tout ce qui vous aime, et que vous aimez; oui, jusqu'à Félicie; mais je pars pour Paris, et l'ordre sera retracté. — Moi ! m'enfermer dans un séminaire ? non, c'est impossible. — Comment résister à un ordre appuyé par des baïonnettes quand on n'a point d'armes ? J'ai fait avertir Charles, il ne vous quittera pas. Je vais aller à Lérac, prévenir vos parens, delà à Saint-Germain, et je n'en partirai point que l'ordre ne soit levé. Montrez, mon cher Ferdinand, que vous êtes bien supérieur à vos ennemis. Ne leur donnez pas la joie de leur fournir un prétexte d'employer contre vous des moyens qui révolteraient votre fierté ; ce qu'ils feront, bien certainement, si vous résistez.

Charles entra dans ce moment. Il se jeta dans les bras de Ferdinand ; celui-ci, l'œil sec, mais étincelant, ne proférait pas une parole ; tout annonçait en lui un désespoir concentré. M. de Saint-Armand tremblait qu'il ne s'y livrât. Eh bien ! mon ami, dit cet homme respectable, que voulez-vous faire ! — Obéir, puisque je ne puis résister sans vous compromettre; mais soyez sûr, mon digne ami, qu'une fois sorti d'ici, comme il n'y aura plus rien à craindre pour vous, si vous n'obtenez pas qu'on me rende la liberté, je saurai bien me soustraire à leur tyrannie. — Je ne vous demande que d'attendre mon retour. — Je vous le jure. — J'y compte. Et, craignant que le jeune prince ne changeât d'avis, il ouvrit la porte de la bibliothèque; l'officier entra. Le jésuite lui remit les deux jeunes gens, qu'il embrassa, non sans le plus grand attendrissement. L'officier demanda si ces messieurs étaient prêts à partir. — Oui, dit Ferdinand avec beaucoup de fermeté; il prit la main du directeur, la posa sur sa poitrine, leva les yeux au ciel, et suivit le lieutenant.

Une litière fermée était au bas de la porte; on y fit monter les deux amis, et six cavaliers entourèrent la litière, comme s'ils eussent escorté un criminel. On était fort étonné dans les rues, de voir sortir du couvent des jésuites ce singulier cortége, et on faisait des conjectures, toutes plus fausses les unes que les autres : prélude de celles qui devaient un jour avoir lieu sur cet infortuné.

Arrivés au séminaire, l'officier qui savait que le supérieur était prévenu, le fit seulement avertir qu'il était là. M. de Saint-Bon, c'était le nom du supérieur, vint aussitôt dans la cour; on ouvrit la litière; les jeunes gens en descendirent. L'abbé ne se trompa pas, et reconnut facilement à l'air de grandeur qui déjà brillait dans Ferdinand, le prieur de Saint-Martin. Il voulut lui faire un compliment, mais celui-ci l'interrompit. — Dispensez-vous, monsieur, de tout témoignage d'intérêt à mon égard; je n'y suis et n'y serai point sensible; je suis votre prisonnier et pas autre chose. Je vous demande une chambre avec deux lits, un pour mon ami, et un pour moi. Je ne sortirai point de mon appartement. Charles mangera avec moi : du reste, il suivra les exercices de votre maison, parce qu'il veut continuer la carrière ecclésiastique ; mais moi, qui ne serai jamais des vôtres, je vous déclare que je ne veux pas lire une ligne de vos théologiens : voilà mes intentions, j'espère que vous vous y conformerez. Le supérieur n'avait jamais entendu un séminariste s'exprimer ainsi. La hauteur du discours était appuyée par un regard si fier, une physionomie si noble, qu'il fut étourdi, et toute sa morgue pédantesque l'abandonna — Je ferai, dit-il, tout ce qui dépendra de moi pour que monsieur (il eût volontiers dit monseigneur) n'ait qu'à se louer de mes soins. Ferdinand lui fit une légère inclination de tête, et se retournant du côté de l'officier, il lui donna dix louis en le priant de vouloir bien les distribuer à ses cavaliers pour qu'ils bussent à sa santé. Le lieutenant n'osait les recevoir, mais le supérieur lui fit signe qu'il ne fallait pas contrarier M. le prieur de Saint-Martin.

La maréchaussée se retira, et le supérieur pria ces messieurs de monter; il les conduisit dans un très-joli appartement, ayant une vue charmante. Il n'y avait qu'un lit, mais l'ordre fut donné qu'on en dressât un second. Il y avait une fort jolie bibliothèque. Cet appartement avait été autrefois occupé par le cardinal de Sourdis, qui venait y faire des retraites quand il était archevêque de Bordeaux; de sorte qu'il était très-commode. Le supérieur demanda à Ferdinand s'il voulait être servi par les domestiques de la maison ou par les siens. — Par les miens, reprit-il, vous ne pouvez en douter. Alors le supérieur qui le quitta, fit entrer dans l'intérieur de la maison, Perin, le valet de chambre, et le laquais, qui avaient suivi leur maître au séminaire; mais on les prévint qu'ils ne pourraient sortir de la maison, ni voir personne du dehors, ni écrire, ni recevoir de lettres. Ils se soumirent à tout, leur attachement pour le jeune prince égalant ses bontés pour eux. En vain Charles voulut engager Ferdinand à sortir de son appartement; il ne put l'obtenir, même qu'il se promenât dans les jardins qui étaient très-vastes; il n'y eut rien qui pût lui faire changer le plan qu'il s'était formé.

Pendant tout le temps que Charles était en classe, Ferdinand lisait, écrivait à tout ce qu'il aimait, sans espoir que ses lettres parvinssent; et quand Charles revenait auprès de lui, il lui parlait de Félicie, de M. et de madame de Liancourt, de M. et de madame de Louvigny, du directeur du collége, de la belle dame qui l'abandonnait au despotisme du cardinal, et ces sujets étaient inépuisables. Du reste, il était magnifiquement servi; le supérieur venait tous les jours s'informer des nouvelles de Ferdinand, et quand sa santé lui permettait de venir en classe, tous les jours Ferdinand lui répondait : Je me porte à merveille, monsieur le Bon, et ce n'est point ma santé, mais ma volonté qui m'empêche de profiter de vos études, parce qu'elles me sont parfaitement inutiles. Alors le supérieur parlait de choses indifférentes, et s'en allait, trouvant qu'il ne fallait pas donner d'humeur à un séminariste qui payait douze mille livres de pension, et entretenait magnifiquement un sujet à qui ses rares qualités devaient assurer, dans l'église, une grande distinction; d'ailleurs il se disait : Il s'ennuiera de cette détention; nous le ferons prêtre dans deux ans, comme en quatre, et il sera toujours utile à une maison où il n'aura reçu que des témoignages de considération.

FIN DU TOME PREMIER.

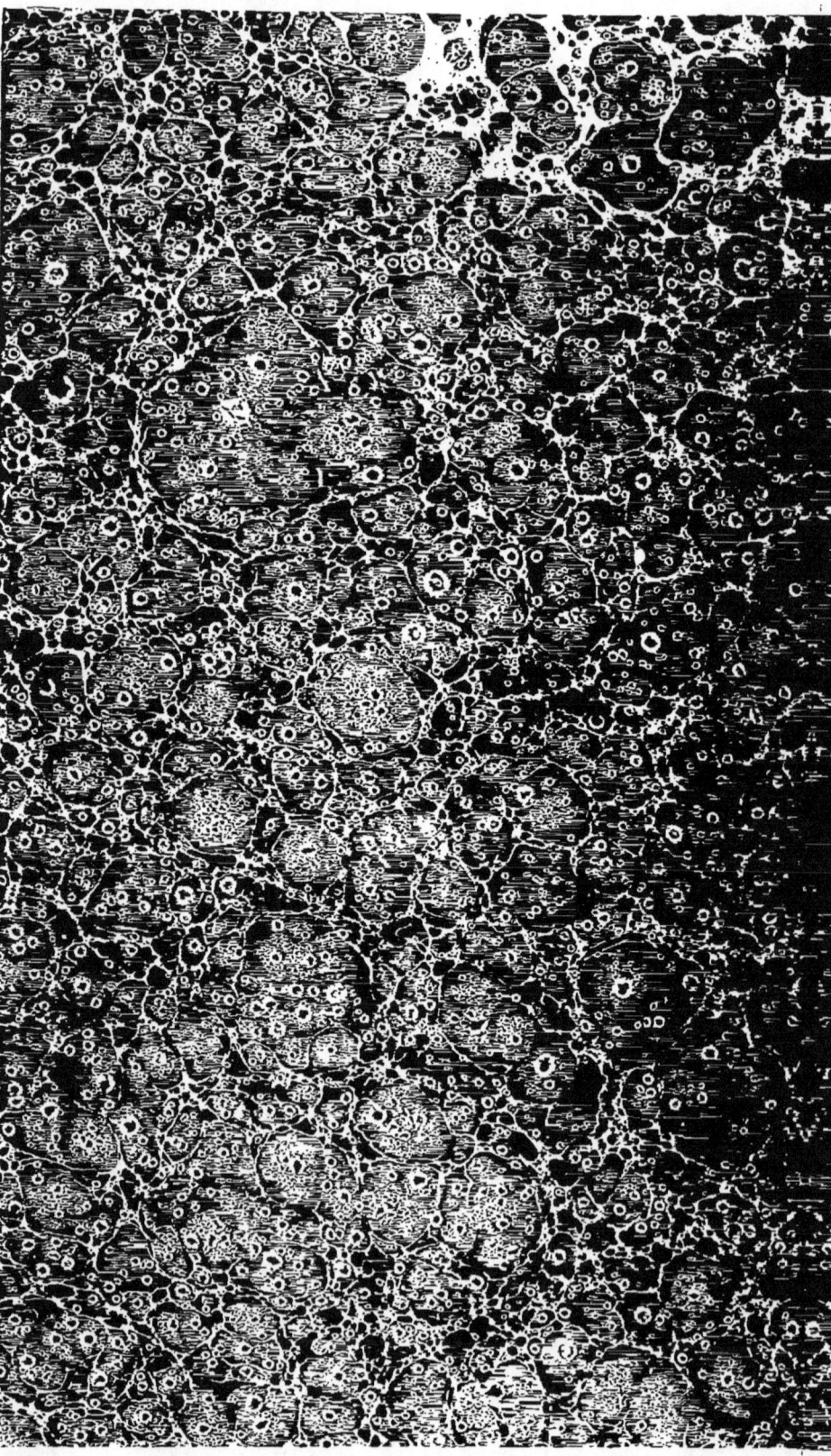

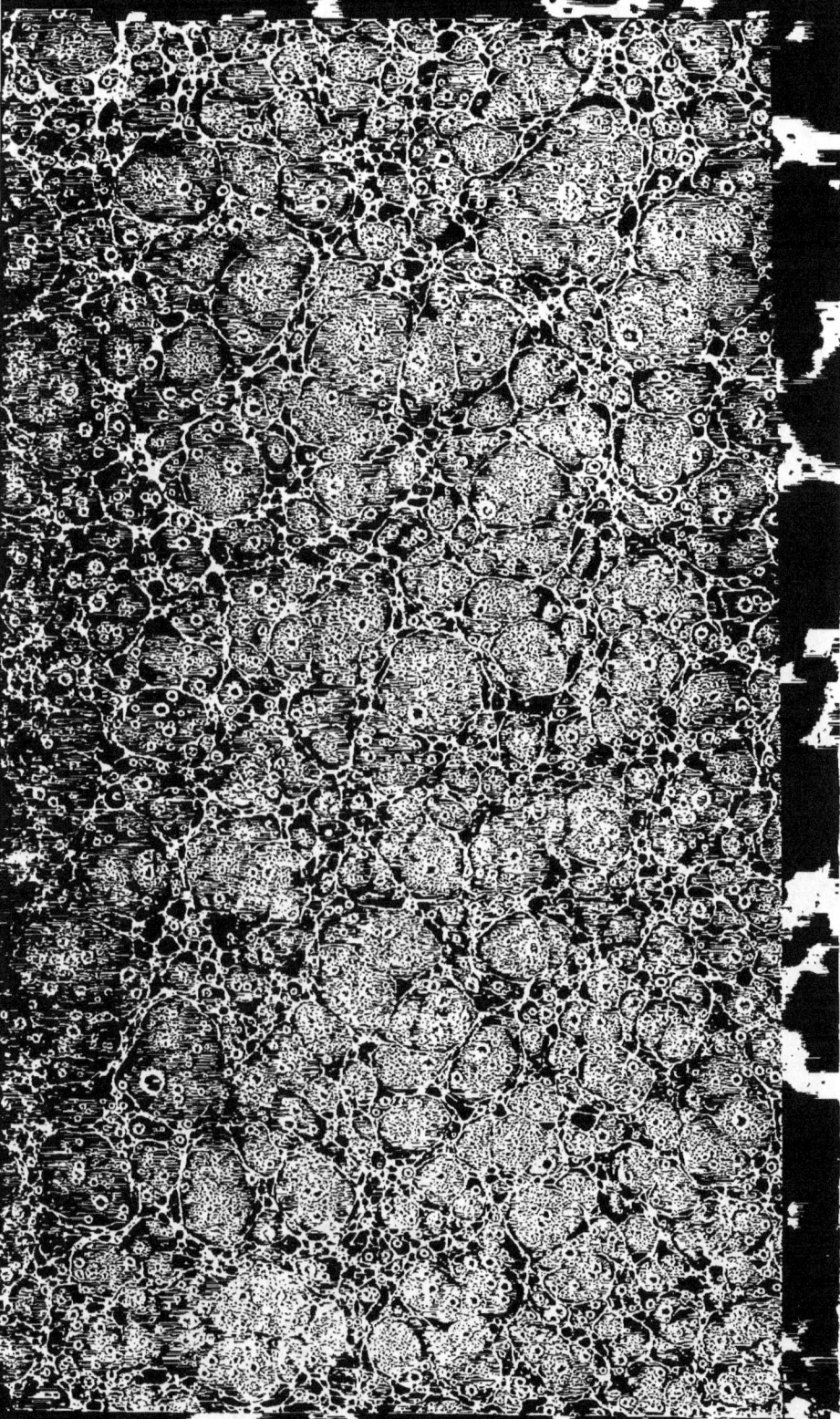

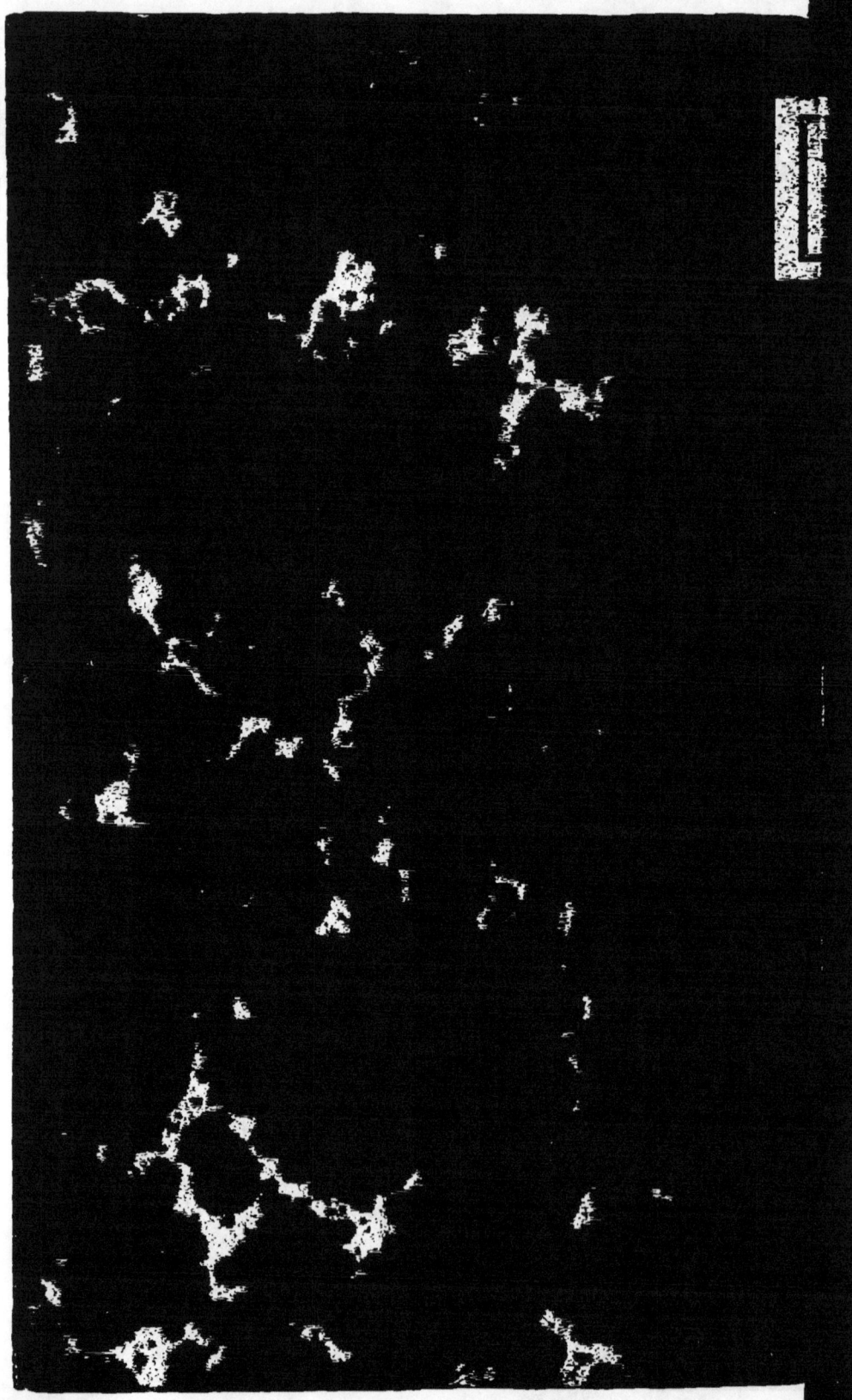

www.ingramcontent.com/pod-product-compliance
Lightning Source LLC
Chambersburg PA
CBHW051906160426
43198CB00012B/1778